JOHANN KASPAR ZEUSS

EINLEITUNG ZUR GRAMMATICA CELTICA

ÜBERSETZT VON
WOLFRAM ZIMEK

ERSCHIENEN IN DER
KRONACH-CRANACH-EDITION
DES VEREINS »1000 JAHRE KRONACH« E.V.
(BAND 2)

Originalabbildung der Grammatica Celtica

GRAMMATICA CELTICA.

E MONUMENTIS VETUSTIS

TAM HIBERNICAE LINGUAE

QUAM BRITANNICAE

DIALECTI CAMBRICAE CORNICAE ARMORICAE

NEC NON E GALLICAE PRISCAE RELIQUIIS

CONSTRUXIT

J. C. ZEUSS

PHILOS. DR. HISTOR. PROF.

VOLUMEN PRIMUM.

LIPSIAE

APUD WEIDMANNOS.

MDCCCLIII.

INHALTSVERZEICHNIS

GELEITWORT

ZUR DEUTSCHEN ERSTVERÖFFENTLICHUNG VON JOHANN KASPAR ZEUSS' EINLEITUNG ZU SEINER GRAMMATICA CELTICA (1853)

Ζεὺς ἀρχή - Ζεὺς μέσσα -
Διὸς δ' ἐκ πάντα τέτυκται

»ZEUS IST DER ANFANG,
ZEUS DIE MITTE,
VON ZEUS IST ALLES BEREITET.«

Es gibt Bücher, die die Welt verändern und die auch lange nach ihrem Erscheinen immer noch die Mühe wert bleiben, sie wieder einmal zu lesen. Das sind nicht nur ›heilige Bücher‹ wie die Predigten Zarathustras, die Reden des Buddha, die Bücher der Bibel oder der Koran, sondern auch säkulare Werke, deren Wirkungskraft die Jahrhunderte überdauert: Die Werke der großen griechischen Philosophen, die Gesetzessammlungen der römischen Kaiser, Staatstheorien wie die von Niccolò Machiavelli oder Thomas Hobbes, die amerikanische Deklaration der Menschenrechte (1776) oder soziale Analysen wie ›Das Kapital‹ von Karl Marx (1867). Auch wissenschaftliche Werke wie Nicolaus Copernicus' ›De revolutionibus orbium coelestium‹ (1543), die vielbändige ›Encyclopédie‹ von Denis Diderot und Jean d'Alembert (1751–1780), Charles Darwins ›Origin of Species‹ (1859) oder Albert Einsteins Relativitätstheorie (1905, 1916) haben das Leben der gesamten Menschheit entscheidend verändert.

Ähnlich wirken manche bahnbrechenden Werke in kleinerem Rahmen. Fast jede Wissenschaft kann ihre

›Geburtsstunde‹ mit dem Erscheinen eines Buches genau benennen. So beginnt die in modernem Sinne wissenschaftliche Erforschung der menschlichen Sprache mit Franz Bopps ›Conjugationssystem der Sanskrit-Sprache‹ (1816). Hier wird zum erstenmal gezeigt, wie die Vielfalt der Sprachen zustande gekommen ist und mit welcher Methode die Geschichte einer Gruppe von Sprachen erhellt werden kann. Zugleich wird handfest bewiesen, daß eine große Zahl von Sprachen in Asien und Europa miteinander verwandt sind, d.h. eine gemeinsame Vorstufe gehabt haben. Die Existenz einer solchen Sprachfamilie war schon längst von vielen Gelehrten vermutet worden; sie war sogar schon benannt (von dem dänischen Geographen C. Malte-Brun, 1810), und zwar als ›indogermanisch‹, da ihre Verbreitung im Altertum nach dem damaligen Kenntnisstand von Indien im Südosten bis zu den Germanen im Nordwesten, nämlich von Ceylon (heute: Sri Lanka) bis Island reichte. Bald vermutete man, daß auch die Gruppe der keltischen Sprachen derselben Familie angehörte. Man wußte zwar seit langem, daß das antike Gallische mit dem Irischen, Schottischen, Manx, Walisischen, Kornischen und Bretonischen verwandt war (festgestellt von George Buchanan in ›Rerum Scoticarum historia‹ 1582; bewiesen von Edward Lhuyd in seiner ›Archaeologia Britannica‹ 1707), aber noch nicht mehr.

Johann Kaspar Zeuß, der bis dahin v. a. als Historiker hervorgetreten war, überraschte die gelehrte Welt 1853 mit seiner *Grammatica Celtica*, in der u.a. die Verwandtschaft aller keltischen Sprachen vom Altertum bis zur Moderne untereinander und mit den anderen indogermanischen Sprachen ausführlich bewiesen wurde. Diese Grammatik, die auch eine Sammlung der ältesten Texte der verschiedenen keltischen Sprachen enthielt, wurde von den Fachgenossen enthusiastisch aufgenommen. Hans Hablitzel schrieb in seinem bekannten Werk (1987)[1] dem berühmten irischen Juristen, Indologen und Keltologen Whitley Stokes die Aussage zu (S. 335) »that the Grammatica Celtica sprang fully-armed from the head of Zeuss«, ohne die genaue Quelle anzugeben. Soweit ich es ermitteln konnte, hat Stokes zwar 1861 Verfasser und Werk auf das höchste[2] gelobt; der geistreiche Vergleich scheint jedoch m.W. zuerst von Dürrwächter gemacht[3] (1906, Seite 739), wenn auch recht umständlich-hölzern: »... war es ein fertiges Ganze[s], das mit seinen 778 enggedruckten Seiten wohl gepanzert und stark gerüstet so plötzlich hervortrat, wie aus dem Haupte des Zeuß (sic!) einstens

1 Hans Hablitzel, Prof. Dr. Johann Kaspar Zeuss, Begründer der Keltologie und Historiker aus Vogtendorf/Oberfranken. Kronach: Stürzel & Fehn 1987 (erweiterter Sonderdruck aus »Archiv für die Geschichte von Oberfranken« 66, Bayreuth 1986). Ihm und einigen anderen Kollegen danke ich für Mithilfe bei der Suche nach den Originalstellen.

2 Meinem Doktoranden David Krätzer, M.A., danke ich für die Auffindung der Stelle: Stokes hatte im Anhang an eine 1861 datierte, 1862 erschienene Publikation (Three Irish Glossaries. London-Edinburgh: Williams and Norgate, S. lxxv) einer Reihe von Kollegen für Unterstützung gedankt und daran angeschlossen: »but above all to the grammar of John (sic) Caspar (sic) Zeuss, of whom Celtic philologers may well say, in the words of the Orphic poet [es folgt das oben als Titel gebrauchte Zitat].« Der Vers, den Stokes wohl aus dem Gedächtnis zitiert hatte (die Standardeditionen lesen *Ζεὺς κεφαλὴ ... »Zeus ist der Kopf ...«)*, wurde von Henri Gaidoz in seiner Doppel-Nekrologie auf Zeuß und dessen Schüler Chr. Glück in der Revue Celtique 6, 1885, 519–523 auf S. 523 unverändert zitiert (und ebenso wiederabgedruckt in seiner Schrift *Pour le centenaire de Gaspar* (sic) *Zeuss, Fondateur de la philologie Celtique*. Paris 1906, S. 13).

3 Anton Dürrwächter, Johann Kaspar Zeuß. Zur hundertsten Wiederkehr seines Geburtstages. Historisches Jahrbuch, im Auftrage der Görresgesellschaft hrg. v. J. Weiß, München 1906, 561–597 und 739–798.

die fertige Athene geboren worden war.« Die in der akademischen Tradition klassisch gewordene Formel von Zeuß' *Grammatica Celtica* »wie Athena in voller Rüstung aus Zeus' Stirn springend« dürfte auf Holger Pedersen zurückgehen.[4]

Weit über die Keltologie hinaus wurde allen Kundigen deutlich, daß hier nicht nur ein Jahrhundertbuch vorlag, sondern ein Werk, das sowohl den sprachwissenschaftlichen Zusammenhang der keltischen Sprachen vom Altertum bis in die Gegenwart und ihr Verhältnis zu den übrigen indogermanischen Sprachen in bisher unbekannter Ausführlichkeit, Klarheit und Deutlichkeit vorführte, als auch das Verständnis für vorgeschichtliche Sprach- und Völkerbewegungen sowie v.a. die geschichtlichen Verhältnisse im frühen Europa entscheidend befördern würde. Die keltischen Völker waren mit einem Schlag nahverwandte, unverzichtbare Mitglieder der europäischen Völkerfamilie geworden. In ihren Sprachen und –wie sich bald zeigen würde – in ihren Literaturen überliefern sie alte Traditionen, die weit über die Grenzen der jeweiligen Sprachgemeinschaft hinaus bedeutsam sind.Auch politisch hatte das Buch große Bedeutung, v.a. für den erwachenden

4 Der berühmte dänische Linguist Holger Pedersen war selbst Verfasser einer großen ›Vergleichenden Grammatik der keltischen Sprachen‹ (1909–1913). Herrn Kollegen J.E. Rasmussen, Kopenhagen, danke ich herzlich für den genauen Nachweis der Originalpublikation: »Han udførte alt dette mesterligt, og uden at noget forberedende arbejde som en forløber havde varslet om, hvad der var i vente, *fremkom, som en Athene, der fuldt rustet var sprunget ud av Zevs's pande,* storværket Grammatica Celtica, Leipzig 1853 (på latin). Med dette værk var den keltiske sprogvidenskab grundlagt, og det har indtil den dag idag været udgangspunktet for al virkelig videnskabelig beskæftigelse med de keltiske sprog.« (meine Hervorhebung) - Holger Pedersen: Sprogvidenskaben i det nittende Aarhundrede. Metoder og Resultater. København 1923: Gyldendals Boghandel, Nordisk Forlag, p. 55.

irischen Nationalismus (vgl. die irische Sonderbriefmarke 2006).[5]

Die für uns heute fast unvorstellbare Leistung des fränkischen Gelehrten ist schon vielfach gewürdigt worden.[6] Auf eigene Kosten, ohne jedes andere Hilfsmittel als eine solide humanistische Bildung, ohne Wörterbücher, ohne gedruckte Texte, ohne Schreibmaschine oder gar Computer, ohne Mitarbeiter oder auch nur Hilfskräfte hat er in jahrelanger entsagungsvoller Arbeit aus den alten Handschriften heraus sein Material gesammelt, es sinnvoll geordnet, wissenschaftlich erschlossen und auf dieser Grundlage eine große, umfassende und ausführliche vergleichende Grammatik nach den damals neuesten wissenschaftlichen Methoden erarbeitet, deren Ergebnisse bis heute – abgesehen von selbstverständlichen Ergänzungen, Korrekturen und Fortschritten im Detail durch 150 Jahre Arbeit der ihm folgenden Forscher – verbindlich geblieben sind. Im 19. Jahrhundert schrieben viele Wissenschaftler noch in lateinischer Sprache, um so von aller Welt (in Europa) gelesen werden zu können. Das war sicherlich 1853 schon ein wenig altmodisch, aber

5 Der deutsche Finanzminister hat es damals abgelehnt, daraus, wie von zahlreichen Gelehrten des In- und Auslandes vorgeschlagen, eine deutsch-irische Briefmarke zu machen. Zur Wirkungsgeschichte vgl. ferner: Dáibhí Ó Cróinín, The Reception of Johann Kaspar Zeuss's *Grammatica Celtica* in Ireland and Britain, and on the continent: Some New Evidence, in: Recht - Wirtschaft - Kultur, Festschrift für Hans Hablitzel, hg. von M. Wollenschläger, E. Kreßel, J. Egger, Berlin 2005, 83–93.

6 Vgl. die Beiträge in Bernhard Forssman, Hrg., Erlanger Gedenkfeier für Johann Kaspar Zeuß (= Erlanger Forschungen A 49) 1989, und in Bernd Wollner & Hermann Wich, Hrg., Historisches Stadtlesebuch Kronach. Kronach: Verein »1000 Jahre Kronach« e.V. 2003, ferner zahlreiche Publikationen von Hans Hablitzel, z.B. Kaspar Zeuß (1806–1856), Philologe, in: Fränkische Lebensbilder Bd. 17, 1998, 165–184.

noch keineswegs ungewöhnlich. Zeuß erhoffte sich ja nicht nur Leser in Deutschland, Frankreich und auf den britischen Inseln, sondern in der gesamten wissenschaftlichen Welt. Sein Werk wurde in interessierten Kreisen intensiv studiert; es war bald vergriffen, so daß sein Nachfolger Hermann Ebel nach Zeuß' frühem Tod 1856 bereits 1871 eine zweite Auflage herausbringen konnte. Für den Geist der Zeit bezeichnenderweise in Paris! Die Franzosen hatten schon in ihrer ›Großen Revolution‹ die Gallier als ihre angeblichen Vorfahren entdeckt. Der Slogan »Nos ancêtres, les Gaulois« wendete sich damals in scharfer Polemik gegen die Aristokraten, denen fränkische = germanische = deutsche Herkunft zugeschrieben wurde; so schrie man denn auch »Les aristocrats à la lanterne!« Auch in Zeiten der Restauration sind »Nos ancêtres, les Gaulois« bei unsern Nachbarn populär geblieben: Napoleon III. ließ große und kleine Denkmäler aufstellen wie den martialischen Vercingetorix in Alesia und die liebliche Sequana an der Seine-Quelle. Die Wissenschaftler Frankreichs wie Deutschlands sahen in dem preußisch-französischen Krieg von 1870/71 nur eine unwillkommene Störung ihrer Arbeit und ließen sich i.d.R. von dem lauten Nationalismus beider Seiten nicht anstecken.[7] Eine Frucht dieser noblen Haltung ist die 2. Auflage der Grammatica Celtica, die in Zusammenarbeit der Verlage Maisonneuve (Paris) und Weidmann (Berlin) veröffentlicht wurde.

---

7 Im Ersten Weltkrieg war das dann leider ganz anders!

Mit lateinischen Sprachkenntnissen sieht es seit langem in allen Ländern Europas schlecht aus. Selbst Absolventen humanistischer Gymnasien sind nicht in der Lage, einen lateinischen Text wirklich zu lesen (statt ihn mühsam zu übersetzen). Daher ist es lebhaft zu begrüßen, daß Herr Wolfram Zimek Zeuß' Einleitung erstmals in die Muttersprache des Autors übersetzt hat und in der Stadt Kronach dieses Werk ihres großen Sohnes veröffentlicht wird. Zeuß' an einen weiten Leserkreis gerichtete Ausführungen haben bis heute ihre Bedeutung behalten, nicht nur als herausragendes Dokument einer wissenschaftlich einmaligen Leistung, sondern auch als durchaus noch lesenswerte Einführung in das Gebiet der keltischen Sprachen und ihrer ältesten Literaturen.[8] Möge die Arbeit den Ruhm von Johann Kaspar Zeuß weiter verbreiten und den keltischen Studien auch zukünftig Freunde gewinnen!

Prof. Dr. Stefan Zimmer
Vergleichende Indogermanische Sprachwissenschaft und Keltologie
Universität Bonn

---

8 Empfehlenswerte neuere Bücher in deutscher Sprache zum Thema »Kelten«:
Helmut Birkhan, Kelten, Versuch einer Gesamtdarstellung ihrer Kultur. Wien 1997, 3. Auflage 1999. 1230 S.
Bernhard Maier, Die Kelten, ihre Geschichte von den Anfängen bis zur Gegenwart. München 2000. 320 S.
Stefan Zimmer, Hg., Die Kelten - Mythos und Wirklichkeit. Stuttgart 2004, 2. Aufl. 2009. 227 S.
Wolfgang Meid, Die Kelten (Reclam 17035). Stuttgart 2007. 210 S.

Indogermanistische Stammbaummodelle

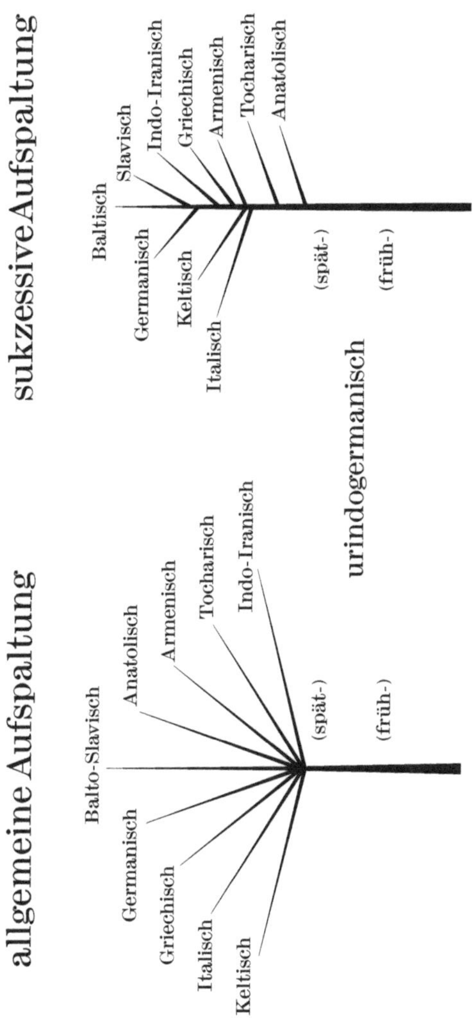

Das idg. Wort für den Namen im Keltischen

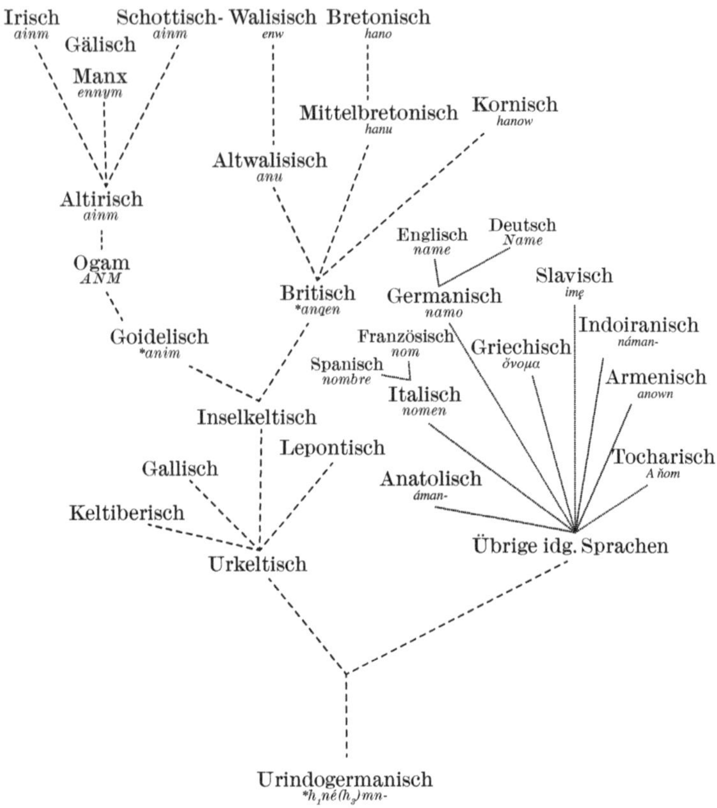

Keltischer Sprachraum in der Antike und heute

VORBEMERKUNG

In der nachstehenden Übersetzung sind Ergänzungen seitens des Übersetzers in eckige Klammern gesetzt, ebenso kommentierende Anmerkungen, wo sie nötig erschienen; letztere sind obendrein ausdrücklich als solche bezeichnet. Seitenverweise in Zeuß´ Text ohne nähere Angaben meinen stets die entsprechenden Seiten in der Grammatica celtica selbst.

Zwischen Schrägstrichen in den Text eingefügt sind die aktuellen Seitenzahlen des Originals.

Gelegentlich taucht in irischen Texten das Zeichen ┐ auf, ein in Handschriften übliches Kürzel für ›und‹ (ir. ocus).

JOHANN KASPAR ZEUSS

EINLEITUNG ZUR «GRAMMATICA CELTICA»

/III/ Das vorliegende Werk hat zum Ziel, die Eigenart, das vielfältige Erscheinungsbild und die Formenbildung desjenigen Sprachzweiges, der unter den bekannten von Indien über Asien und Europa hin verbreiteten der am weitesten westlich gelegene ist, auf Grundlage der alten erhaltenen Sprachdenkmäler darzustellen. Wird der Bemühung um die Erforschung des Indischen, des am weitesten entfernt angesiedelten Sprachzweiges dieser Familie in Asien, mit dessen Hilfe die Gelehrten sehr viel Licht in die Kenntnis all der miteinander verwandten Sprachen gebracht haben, stets hoher Wert beizumessen sein, so wird man gleichwohl auch die Mühe nicht gering achten dürfen, durch die sich die Möglichkeit eröffnet, die Gesetze der Sprache jenes Volkes zu betrachten, das zwar schon lange seinen Niedergang erlebt hat, einst aber über weiteste Teile Europas verbreitet war – einer Sprache, deren Überreste von daher schon von ältester Zeit an gar nicht selten und sogar heute noch in anderen, jüngeren Sprachen vorhanden sind. Durch diese Bemühung wird auch Wortschatzmaterial als Grundlage geliefert werden für die Masse von Jungem oder seit alters her Lebendigem in den heutigen Sprachen dieses Volksstammes, dem Irischen, Gälischen, Kymrischen und Bretonischen.

Dass über die Sprachen der größeren Nachbarvölker, das Germanische und das Slavische, nach Durchforstung eben der Sprachdenkmäler als historischer Grundlage bereits geforscht wurde, ist jedem, der mit den gelehrten Arbeiten der jüngeren Zeit vertraut ist, bekannt. Die alten, von Muttersprachlern abgefassten Denkmäler dieser unserer am weitesten westlich gelegenen Sprache – wenn man einmal die von älteren (griechischen und lateinischen) Schriftstellern bewahrten Eigennamen außer Betracht lässt – erreichen zwar nicht das Alter der germanischen /IV/ Sprachdenkmäler, die ja mit dem 4. Jh. einsetzen [Zeuß kannte noch nicht das Keltiberische, dessen Zeugnisse bis ins 1./2. Jahrhundert zurückreichen; Anm. des Übersetzers], übertreffen jedoch ohne Zweifel das Alter der slavischen Sprachdenkmäler. Auf der Grundlage solcher Denkmäler ist das vorliegende Werk aufgebaut.

Wie die Sprachen bevölkerungsreicher und weit verbreiteter Volksstämme in ihren dialektalen Ausformungen ein differenziertes Bild bieten, so hat auch die keltische Sprache – wie die allgemeine Bezeichnung dieser am weitesten westlich gelegenen lautet – ihr vielfältiges Erscheinungsbild bereits von den ältesten Zeiten an entwickelt. Diese Vielfältigkeit ist schon von Caesar erkannt worden, wenn er sagt (De bello Gallico 1,1), Belger, Aquitaner und Kelten bzw. Gallier unterschieden sich untereinander in Sprachen, Gebräuchen und Gesetzen, und besser noch von Strabon (Buch 4, S. 176), der bekräftigt, die Aquitaner seien überhaupt von den Galliern verschieden und müssten den Iberern zugerechnet werden, die Gallier aber unterschieden sich ihrerseits untereinander geringfügig hinsichtlich ihrer Sprache (*μικρὸν παραλλάττοντες ταῖς γλώτταις*). Nimmt man noch hinzu, was Tacitus (Agricola 11) darüber hinaus mitteilt, nämlich, dass die Sprachen von Gallien und Britannien nicht sehr verschieden seien, werden wir annehmen, dass zwar eine gewisse Dialektverschiedenheit in der Sprache der Kelten (d. h. der Gallier westlich der Seine und der Marne), der Belger (östlich dieser Flüsse) und der Britannier bestanden hat, jedoch keine so große, dass zwischen diesen Völkern keine sprachliche Kommunikation hätte stattfinden können. Dass aus dieser Zeit von griechischen und lateinischen Schriftstellern gallische, belgische und britannische Personen-, Orts-, Fluss- und Pflanzennamen und einige wenige sonstige Vokabeln erhalten geblieben sind, ist jedem, der mit dem Altertum vertraut ist, bekannt. Dass aber daraus das so bunt aufgefächerte Erscheinungsbild der Sprache herausgearbeitet werden könne, wird niemand erwarten.

Eine weit größere Differenzierung belegen die von Angehörigen des gesamten Volkes, nicht nur britannischen, sondern auch irischen Männern, seit dem 8./9. Jh. verfassten Schriften. Bücher in britannischer Sprache – in kymrischer ebenso wie in bretonischer – weisen schon zu dieser Zeit im Lautstand – der mit dem Lautstand alter britannischer und gallischer Namen übereinstimmt – und in der Formenbildung eine solche Verschiedenheit von Lautstand und Formenbildung irischer Schriften derselben Zeit auf, dass man keinesfalls eine Sprachgemeinschaft zwischen Britanniern /V/ und Iren für diese – und also noch nicht einmal für eine weit ältere – Zeit annehmen darf, auch wenn klar zu Tage liegt, dass beide Dialekte oder Sprachen (letztere Bezeichnung verwende ich auf Grund dieser Verschiedenheit mit Bedacht) gemeinsamen Ursprungs sind. Man wird eine größere Verschiedenheit zwischen der irischen und der britannischen Sprache behaupten dürfen als zwischen dem alten Skandinavischen oder Isländischen und den übrigen germanischen Dialekten, doch schwerlich eine von dem Ausmaß, wie sie zwischen dem Litauischen oder dem Altpreußischen und dem Slavischen besteht.

Wenn die alte gallische Sprache, die nach dem Untergang des römischen Reiches und dem Frankeneinfall nach und nach der in den gallischen Gebieten entstandenen neuen romanischen weichen musste, auch nicht identisch war mit der britannischen, so stand sie ihr doch näher als die irische. Das belegen folgende Merkmale:

1. Die Übereinstimmung einiger Laute, bei denen die irische Sprache abweicht, z. B. in den gallischen Namen Litana, Litavicus, die noch im Britannischen als *litan* (Adjektiv) bzw. *litau* (Substantiv) auftreten, irisch hingegen als *lethan, letha;* man findet sie insbesondere in gallischen und britannischen Wörtern, z. B. in Petuaria, petorritum, pempedula, Penninus (Göttername), Penninum (ein Berg), Epona, Eporedici, Epomanduodurum, die ineins gehen mit kymrisch *petuar* (›vier‹), *pimp* (›fünf‹), *penn* (›Kopf‹), *ep* in den Ableitungen *epaul, ebaul* (›Fohlen‹), während im Irischen hier *c, ch* für *p* stehen, wie in *cethir* (›vier‹), *cóic* (›fünf‹), *cenn* (›Kopf‹), *ech* (›Pferd‹). Ich erkenne keinen Unterschied des Gallischen vom Britannischen und Übereinstimmung mit dem Irischen an in der Partikel *su-* in den Komposita Suessiones, Suanetes, wenn dasselbe Wort irisch *su-, so-,* britannisch hingegen *ho-, he-, hy-* anlautet. Denn dass hier *h* statt *s* späteren Ursprungs ist und das *s* ursprünglich bei den Britanniern noch zur

Römerzeit bestanden hat, lehrt der Flussname *Sabrina*, der bei den späteren und auch den heutigen Briten *Hafren* (S. 144) lautet, so wie auch der Völkername brit. *Σελγοοῦαι* bei Ptolemaios das *s* bewahrt an Stelle des *h* im heutigen Subst. brit. *hel, helg* (ir. *selg* ›Jagd‹). /VI/ Hochaltertümlich aber ist zweifellos die Unterscheidung der Laute *p* und *c*, und sie besteht in verschiedenen Sprachen von alters her, z. B. in lat. *quattuor*, lit. *keturas* gegenüber germ. *fidvor (= petuar)*, lat. *quinque (= cince)*, ir. *cóic* gegenüber germ. *fimf (= pimp)*.

2. Dieselbe Lautentwicklung im Britannischen wie im Galloromanischen (wobei das im Gallischen Angelegte weiter gewirkt hat), die dem Irischen völlig fremd ist, stellt z. B. der Übergang von *v* oder *w* zu brit. *gu, gw*, ebenso in galloromanischen Wörtern, dar, während hier im Irischen *f* eintritt; desgleichen die prothetischen Vokale *i, y, e* im Kymrischen wie *e* im Französischen vor den Verbindungen *sp, st, sc*. Der Schwund der Mediae, insbesondere der Ausfall von *g*, in den mittelalterlichen Sprachdenkmälern des romanischen Gallien ist ebenso alt wie in den britannischen; die galloromanischen Beispiele für Schwund der Tenues sind sogar noch älter als die britannischen. Vgl. hierzu die Darstellung der britannischen Mediae und Tenues (S. 166. 167. 185. 186).

3. Eine Reihe von Endungen sind dem Britannischen eigen, die das Irische nicht kennt; sie erscheinen in alten gallischen Wörtern, z. B. *-en* oder *-on* als Merkmal des Singular in den Pflanzennamen *γελασονέν*, *σκοβιήν*, titumen, betilolen (S. 301), und im gallischen Ortsnamen Aballon

(Aballone als Ablativ in Itin. [einem »Itinerarium«, also einer Wegbeschreibung; Anm. d. Ü.], altkymr. *aballen, auallen*, heute *afallen* ›(Apfel-)Baum‹, S. 788); *-et* als Pluralendung (S. 297. 299) im germanischen, von Caesar in der keltischen Form überlieferten Namen Usipetes, der nach anderen Schriftstellern ohne kelt. Endung Usipi (Usipii) lautet, so wie auch bei Plinius 3,20 [gemeint ist die Naturalis historia Pl. des Älteren; Anm. d. Ü.] neben den Sarunetes auch die Vennonetes erscheinen, die nach Ptolemaios *Οὐέννονες* heißen.

4. Einige Wortelemente in alten gallischen und britannischen Namen treten im Irischen nicht auf. Vor allem ist hier das unselbstständige Präfix *gwer-, gur-, gor-* zu nennen, das noch im Neukymr. gebraucht wird; es tritt häufig auf in mittelbritannischen /VII/ – sowohl kymrischen als auch bretonischen – zusammengesetzten männlichen Personennamen, z. B. Vercingetorix, vertragus, Vernemetum, Vertigernus usw. (vgl. S. 151. 153 und 829); es handelt sich um eine Intensivierungspartikel, von der sich, soweit ich sehe, im Irischen keine Spur findet. Ferner einige weitere Wörter: *anau* (neukymr. *anaw*, mask., ›Form, Harmonie, Dichtung‹), das in zahlreichen zusammengesetzten männlichen und weiblichen Personennamen im Kymrischen und Bretonischen im Liber Landavensis oder im Chartularium Rhedonense begegnet, wie *Anaugen, Anauued, Anauweten, Anauworet, Rianau, Dreanau, Balanau* usw. (S. 150. 153); es begegnet ferner sowohl in Ableitungen als auch selbstständig in den Namen kymr. *Anauoc* (liber Land. 156), breton. *Anau* (Rhed.

1,48. D. Mor. 272) [D. Mor. = Dom Morice, Herausgeber des Chartularium Rhedonense (Rhed.); Anm. d. Ü.]; das Wort erscheint ebenfalls selbstständig bei Ptolemaios im Namen einer Stadt an der Donau *Ἄναυον* (am äußersten Rande Germaniens im Grenzgebiet zu Pannonien, wo unzweifelhaft keltische Völker ansässig waren) und im weiblichen Personennamen Anauonia in einer Inschrift bei Stein. 985 [einer Inschriftensammlung: J. W. Steiner, Codex inscriptionum Romanarum Rheni, Darmstadt 1837; Anm. d. Ü.], mit Ableitungssuffix -onius, -onia wie auch bei anderen Eigennamen (S. 736). Häufig ist auch die Vokabel *cun* in den britannischen Namen Cunobilinus, Cunotamus, Cunomaglus, Maglocunus sowie in gall. *Ἀρκύνια ὄρη* bei Aristoteles, Hercynia silva, Hercuniates (ein pannonisches Volk) bei Plinius (vgl. hierzu S. 109. 121); zweifellos ist auch neukymr. *cwn* (›höchste Erhebung, Höhe‹, in adjektivischen Komposita auch ›hoch-‹) damit zu verbinden, wovon Kompositum und Ableitung *erchyniad* (›Erhebung‹) und Ableitung *cwnwg* (›höchste Erhebung, Gipfel‹) sich herleiten. Air. *cnocc* (glossiert als ›Höcker‹ bzw. ›Geschwulst‹) Sg. 22[a], 23[b], Pr. Cr. 9[a] [Sg. = Codex Sangallensis, Pr. Cr. = Codex Prisciani Carlisruhensis; zitiert sind hier jeweils Seite und Spalte (a bzw. b); Anm. d. Ü.] ist in gleicher Weise auf brit. *cunuc* zu beziehen wie ir. *gníu, dogníu* ›ich tue‹ auf neukymr. *gwna, gwneuthur,* und dürfte höchstwahrscheinlich entlehnt sein, da aus anderen ir. Wörtern dieselbe Wurzel nicht bekannt ist und auch das unlenierte *c* am Wortende bewahrt ist, wie auch in *sebocc* (glossiert als ›Falke‹) Sg. 105[b]: hier trifft man dieselbe Form an, nicht lautgesetzliches *seboch* neben altkymr. *hebauc* (S. 816), neukymr. *hebog*. Der inschriftlich belegte gallische männliche Personenname Caratacus /VIII/ (bei Grut. 902,5 [einer Inschriftensammlung: J. Gruter, Inscriptiones antiquae totius orbis Romani, Heidelberg 1603, [2]Amsterdam 1707; Anm. d. Ü.]) ist fast gleichlautend mit einem weit verbreiteten brit. männlichen Personennamen, älter *Caratauc*, jünger *Caradoc, Caradog*, wohingegen er mir ir. nur einmal als *Carthach* (S. 83) begegnet ist.

So gibt es also zwei Hauptzweige der keltischen Sprache: Der eine ist der irische, auf den die heute noch gesprochenen Sprachen dieser Gruppe zurückgehen: in Irland selbst das Neuirische und in Britannien im schottischen Bergland das Gälische (d. h. Goidelische[1], wie die

1 Die drei Söhne des Usnech werden in einer alten irischen Erzählung über ihren Untergang (hrsg. von O'Flan. [O'Flanagan; Anm. d. Ü.] S. 20. 78) *trí coinnle gaesged nan gaedal* (›drei Lichter der Kampfkraft der Goideler‹) genannt. In dieser Erzählung vertritt die Schreibung *ae* nicht nur älteres *ái*, z. B. in *aes* (›Alter‹, älter *áis, áes*, vereinzelt *óes*), sondern auch *ói*, z. B. in *aen* (›eins‹, alt *óen, óin*, niemals *áen*), sodass als ältere Namensform *Gáidal* oder *Góidal* erschlossen werden kann. Beide Schreibungen wechseln ab in Annal. Inisfal. bei O'Con. 2, 50. 51 [Annales Inisfalenses, enthalten in: Ch. O'Conor, Rerum Hibernicarum Scriptores Veteres, 4 Bde., Buckingham 1814-1826; Anm. d. Ü.]: *fir nerend eter gullu ⁊ gaedelu, fir nerend eter gullu ⁊ goedelu* (›sowohl fremdstämmige wie goidelische Männer Irlands‹), und S. 75: *Murchad ri gall ⁊ goedel in Athcliath* (›M., König der Fremdstämmigen und der Goidelen in Dublin‹). Ebenso schon in älteren Handschriften, in Gloss. Corm. und Leab. Br. [Glossarium Cormaci, also Cormacs Glossar, und Leabhar Breac; Anm. d. Ü.]: *do gaedelu, o goedelu* (*-u* statt *-ib?*) bei O'Donov. S. 123. 219. Doch taucht die Schreibung *ai* auch bei Giraldus Cambrensis auf (bei Camd. S. 737 [in Giraldus' »Topographia Hibernica«, Abschnitt 3 Kap. 7, hier zitiert nach der von W. Camden herausgegebenen Textsammlung »Anglica, Normannica, Hibernica, Cambrica a veteribus scripta«, Frankfurt/Main 1602/03; Anm. d. Ü.]): »Sie heißen *Gaedeli*, sie heißen auch Scoti«, »die irische Sprache, die auch *Gaidelach* genannt wird.« Aus der – bereits jüngeren – Schreibung *ae* ist heutiges *ao, aoi* hervorgegangen, wie in *aon* (›eins‹), *aois* (›Alter‹); es erscheint auch im heutigen *gaoidheal* (›Ire‹), *gaoidhilg* (›das Irische‹). Auffällig ist die Form, die in Ann. IV magistr. [Annales quattuor magistrorum; Anm. d. Ü.] begegnet: *gaoind ⁊ goill* (›Goidelen und Fremdstämmige‹) O'Con. 3, 761; Genetiv *nan gaoind* 754. 824; Dativ *gaoindaibh* 348. 809, und so auch an einigen weiteren Stellen, während an wieder anderen die übliche Form auftritt. Im Hymnus auf den hl. Patrick werden die Bewohner Irlands noch mit dem Namen ›Schotten‹ bezeichnet: *pridchis do scotnib* (›er predigte den Schotten‹) Strophe 18, mit bewahrtem *t* wegen

Iren /IX/ selbst ihre Sprache, mit Ausfall der Media [also des -d-; Anm. d. Ü.], nennen), von dem zwar im Hochland keine gesicherten älteren Denkmäler erhalten sind, das jedoch im Altirischen seine Grundlage hat. Den anderen Zweig bildet die britannische Sprache; auf ihre große Nähe zum Altgallischen haben wir bereits hingewiesen; von ihr leiten sich das Kymrische, Kornische und Bretonische ab, von denen mehr oder weniger alte Denkmäler existieren und die heute noch lebendig sind – im Munde des Volkes wie auch in Schriftwerken und Dichtungen; davon ausgenommen ist das Kornische, das man schon seit dem vergangenen Jahrhundert auch in den Dörfern der Region Cornwall nicht mehr hört.[2]

---

der Aussprache als Geminata wie in *crot, crottichther* (›Kithara‹, ›es wird Kithara gespielt‹, S. 77), Pl. *cruitedha* (›Klappern, Harfen‹) Deirdr. S. 16 [Deirdri, hrsg. von O'Flanagan; Anm. d. Ü.]. Vergleicht man kymr. *ysgwth* (S. 174) und ir. *gaoth* (›Ansturm‹?), das in Cormaci gloss. unter dem Stichwort *gaodheal* bei O'R. [O'Reilly; Anm. d. Ü.] angeführt wird und mit Subst. *gáid, gáith* (›Wind‹, S. 316) wohl ineins geht, so scheint die Bedeutung beider Wörter dieselbe gewesen zu sein, nämlich ›unruhig, stürmisch‹ (vgl. die gall. Völkernamen Gabali = *gafal,* bei Corm. synonym mit *gaodheal,* und Cavares, kymr. *cawr* ›Riese‹). Auch der dritte alte Name des irischen Volkes *Feni,* wovon Phaenius, Fenisius, der Name eines alten Helden, herrührt und wonach die ältere Sprache der fenianische bzw. phaenianische Dialekt genannt wurde, begegnet im Hymnus auf den hl. Patrick, Strophe 20: *pridchis tri fichte bliadna croich crist dothuathib fene:* »Es predigte Patrick dreimal zwanzig Jahre den Völkern der Fenier das Kreuz Christi.« Letztere beide Völkernamen, die in Irland außer Gebrauch kamen, während der erstere sich hielt, begegnen im irischen Codex Stow. 4. [Codex Stowensis No. 4; Anm. d. Ü.] bei O'Con. 1, Proleg. II, S. XCVI in den wiederholten Ausdrücken *clan na Scot, clann na Fened* (›Söhne der Schotten‹ bzw. ›der Veneder‹), mit denen die ersten Fremden in Irland bezeichnet wurden. Wenn diese Form *Fened* richtig ist (anderwärts liest man jedenfalls *Fene, Feine*), dann ist es mit der kymr. Bezeichnung *Gwynedd* für North Wales zusammenzubringen.

2 Schon im Laufe des 17. Jh.s nahm die Verbreitung der Sprache ab; sie war nur noch an wenigen entlegenen Orten in Gebrauch. Gleichwohl bezeichnet man als die letzte des Kornischen kundige Frau dieses Volkes *Dolly Pentreath,* Dorothea P., die 1778 im Alter von 102 Jahren starb. (Vgl. die Buchtitel: »Specimens of Cornish provincial dialect, by Uncle Jan Treenoodle. London 1846«, S. 1–4, und »The Circle or historical survey of sixty parishes and towns in Cornwall. Helston 1819«, S. 195.)

Für jede dieser Sprachen, wie sie sich heute darbieten, fanden sich Bearbeiter und Beschreiber, die gelegentlich auch die älteren Denkmäler berücksichtigten. Für das Irische beispielsweise waren dies nach Mac Curtin (»The elements of the Irish language. Louvain 1728«), O'Brien (»A practical grammar of the Irish language. Dublin 1809«) und anderen vor allem O'Donovan, dessen Buch den Titel trägt: »A grammar of the Irish language, published for the use of senior classes in the college of St. Columba. Dublin 1845.« Eine Fülle an Vokabeln dieser Sprache, nicht nur aus der heutigen Sprachstufe, sondern öfters auch aus älteren Denkmälern gewonnen, bietet das Lexikon: »An Irish-English dictionary. To which is annexed a compendious Irish grammar. By Edward O'Reilly. Dublin 1821.«

/X/ Das herausragende Werk dieser Art über das Schottisch-Gälische ist: »Dictionarium Scoto-Celticum: A dictionary of the Gaelic language. Compiled and published under the direction of the Highland society of Scotland. In two volumes. Gaelic, English and Latin. Edinburgh 1828.« Dem ersten Teil geht eine Kurzfassung der Grammatik von Stewart voraus, deren 2. Auflage erschienen ist unter dem Titel: »Elements of Gaelic grammar. Edinburgh 1812.« Ein ebenfalls umfangreiches Werk über diese Sprache ist: »A Gaelic dictionary, in two parts: I. Gaelic and English, II. English and Gaelic. To which is prefixed a new Gaelic grammar. By R. A. Armstrong. London 1825«; kürzer gefasst ist: »A dictionary of the Gaelic language in two parts, I. Gaelic and English, II. English and Gaelic. By Norman Macleod and Daniel Dewar. London 1845.«

Dem Gälischen recht nah verwandt, doch stärker entstellt als dieses und als das Irische ist der Dialekt der Insel Man, dessen Darstellung das folgende, mittlerweile rare Buch bietet: »A practical Grammar of the ancient Gaelic or language of the isle of Man, usually called Manks. By John Kelly. London 1803.«

Das Neukymrische fand seinen ersten Lexikografen und Grammatiker in [John] Davies, der aus Gwynedd stammt; sein Lexikon trägt den Titel: »Antiquae linguae Britannicae dictionarium duplex. London 1632.« Eine darin oftmals erwähnte Grammatik, erstmals erschienen 1621 (Nachdruck Oxford 1809), ist betitelt: »Antiquae linguae Britannicae, nunc communiter dictae Cambro-Britannicae, a suis Cymraecae vel Cambricae, ab aliis Wallicae, rudimenta.« Er sah die Sprache als altertümlich an, berücksichtigte jedoch die alten Sprachformen nur eingeschränkt. Mit mehr Sorgfalt erforschte als erster [Edward] Lhuyd die älteren Denkmäler, der aus der Gegend von Cardigan in Wales stammte; doch war von seiner Abhandlung »Archaeologia Britannica« erst Teil I vollendet, als er verfrüht im Jahre 1709 verstarb.

In unserem Jahrhundert schließlich /XI/ ragt als Verfasser eines Lexikons und einer Grammatik W. Owen heraus, dessen Werke erstmals 1803 in London erschienen sind: »A grammar of the Welsh language« und »A dictionary of the Welsh language«. In der neueren Ausgabe: »A dictionary of the Welsh language. The second edition by W. Owen Pughe. Denbigh 1832« führte er für *z* und *v* in der älteren wieder die gebräuchliche Schreibung *dd* und *f* ein. Das jüngste Werk: »A dictionary of the Welsh language. To which is prefixed a grammar of the Welsh language. By William Spurrell. Carmarthen 1848« ist kürzer gefasst; ihm an die Seite gestellt ist ein beträchtlich umfangreicherer und als wertvoller anzusehender englisch-kymrischer Teil: »An English-Welsh pronouncing dictionary. Carmarthen 1850«.

Formen der aussterbenden kornischen Sprache führt ein Werk auf mit dem Titel: »Archaeologia Cornu-Britannica or an Essay to preserve the ancient Cornish language, containing the rudiments of that dialect in a Cornish grammar and Cornish-English vocabulary. By William Pryce, M. D. of Redruth, Cornwall. Sherborne 1790«.

Um das Neubretonische bemühte sich Le Pelletier in seinem Werk mit dem Titel: »Dictionnaire de la langue bretonne, par Dom Louis Le Pelletier, religieux Bénédictin. Paris 1752«; nach ihm fand es als vorrangigen Bearbeiter Le Gonidec. Die neuesten Ausgaben seiner Werke heißen: »Dictionnaire français-breton de Le Gonidec, enrichi d'additions et d'un essai sur l'histoire de la langue bretonne. Par Th. Hersart de la Villemarqué. Saint-Brieuc 1847«, und: »Dictionnaire breton-français de Le Gonidec, précédé de sa grammaire bretonne, et enrichi d'un avant-propos, d'additions et de mots gallois et gaëls correspondants au Breton. Par Th. Hersart de la Villemarqué. Saint-Brieuc 1850«. Zitiert wird in unserem Werk des Öfteren eine Grammatik dieser Sprache, die 1800 in Prag unter dem Titel: »Grammatica Latino-Celtica, doctis /XII/

ac scientiarum appetentibus viris composita ab Alano Dumoulin presbytero« erschienen ist.

Das Irische ist die äußerste, westlichste aller urverwandten Sprachen Europas und Asiens, wie Thule die äußerste Insel Europas ist[3]; es wird in den Untersuchungen des vorliegenden Werkes, bei denen es zuvörderst darum gehen soll, wie die ursprünglichen und gemeinkeltischen Formen lauteten und wie sich aus ihnen die jüngere Vielfalt entwickelt hat, den ersten Platz für sich beanspruchen und Gegenstand des Hauptaugenmerks sein, nicht nur wegen des größeren Formenreichtums der Sprache selbst, sondern auch, weil in den altirischen Handschriften die umfangreicheren Denkmäler bewahrt sind; von ihnen werden an Zahl wie auch an inhaltlichem Reichtum die britannischen Handschriften derselben Zeit bei Weitem übertroffen – oder richtiger: die kymrischen, die ja als einzige in die Zeit der irischen hinaufreichen. Diese Handschriften nun, auf deren Grundlage dieses Werk erwachsen ist – irische und

---

3 Dass auch das entlegene Thule im 9. Jh. bis zur Einnahme durch die Skandinavier von Iren bewohnt war, legt *Ari Fródi,* Geschichtsschreiber Islands, in seinem Buch *Islendíngabók,* Kap. 1, dar: *Island bygdhisk fyrst úr Norvegi á dögum Haralds ens Hárfagra, ... 8 hundrudh ok 70 vetrum eptir burdh Krists ... Thá voru hèr menn kristnir, their er Nordhmenn kalla papa, en their fóru sídhan á braut, af thví at their vildu eigi vesa hèr vidh heidhna menn, ok lètu eptir boekr irskar ok biöllur ok bagla. Af thví mátti skilja at their voru menn irskir.* (»Island wurde von Norwegen aus erstmals besiedelt in den Tagen des Harald Harfagr, 870 nach Christi Geburt. Es lebten dort Christen, die die Skandinavier als ›Papas‹ [Priester; Anm. d. Ü.] bezeichnen, und sie zogen von dort weg, weil sie nicht neben Heiden dort leben wollten, und hinterließen irische Bücher, Glocken und Bischofsstäbe; daraus lässt sich schließen, dass sie selbst Iren waren.«)
Bemerkenswert hierzu ist die Stelle bei Plinius 4, 16: »Einige berichten auch von anderen Inseln: Scandia, Dumna, Bergi und als größte von allen Nerigos, von wo aus man nach Thule segeln kann.« Ich habe in meinem Buch »Die Deutschen und die Nachbarstämme« (S. 194. 195) die Vermutung geäußert, dass wie *Bergion* auch die daraus entstellte Form *Nerigon* der alte Name Irlands ist und, wie *Albion,* seinen Ursprung von den Bewohnern der britischen Inseln selbst genommen hat.

britannische und unter letzteren sowohl die älteren kymrischen wie auch die jüngeren samt den kornischen und bretonischen – einzeln vorzustellen und zu beschreiben, sei der Hauptgegenstand dieser Einleitung; unberücksichtigt bleiben sollen freilich die Dinge, die unseren Zweck weniger betreffen, z. B. das Format (die Handschriften sind in fast allen Fällen eher großformatig), der äußere Zustand usw.

/XIII/ DIE IRISCHEN HANDSCHRIFTEN

Irische Handschriften bewahren Denkmäler der älteren Sprache insbesondere in Glossen, und zwar vorwiegend Interlinearglossen, des Öfteren aber auch Marginalglossen; auf dem Festland existieren in größerer Zahl solche, die von irischen (oder, wie man seinerzeit sagte, schottischen) Mönchen geschrieben wurden, die sich schon vom 6. Jh. an über das europäische Festland hin zur Ausbreitung des christlichen Glaubens verteilt hatten. Die erhaltenen Handschriften sind im karolingischen Zeitalter entstanden, entweder aus Irland mitgebracht, oder auch in den festländischen Klöstern von den Mönchen dieses Volkes in irischer Schrift geschrieben, die auch als angelsächsische bezeichnet wird. Diejenigen, die mir zur Hand waren und auf dem Festland aufbewahrt werden, sind folgende:

1. Der **«Codex Prisciani Sancti Galli»** [Priscian-Codex aus St. Gallen] (No. 904, im vorliegenden Werk mit ›Sg.‹ bezeichnet), der eine Vielzahl an Glossen bietet und damit

vom Beginn bis zur 2. Spalte der Seite 222 (= 222^{b}) bzw. bis zum Ende des 14. Buches des Priscian übersät ist. Von da an bis zur letzten Seite (249) werden die Glossen spärlicher. Es können in diesem Codex die Handschriften dreier Glossatoren unterschieden werden: Eine durchzieht den gesamten Codex, ist sorgfältig und klar ausgeführt und bietet nur in wenigen Spalten (65^{b}, 66^{a}, 66^{b}, 67^{a}, 67^{b}) Platz für Glossen zweiter Hand. Eine dritte Hand hat nur hie und da über den Codex verteilt kleinere Glossen eingestreut.

Wie in anderen Codices handelt es sich um Interlinear- oder um Marginalglossen. Von den letzteren sind einige – lateinische wie irische – bemerkenswert, da sie sich nicht auf den Prisciantext beziehen, sondern verschiedene Bemerkungen über die Niederschrift des Codex, die Tageszeit oder anderes, was dem Schreiber gerade in den Sinn kommt, machen, so z.B. einige lateinische, 157^{a}: *hvcvsq. caluus patricii depinxit.* [»Bis hierhin hat es Calvus, <Mönch> des Patrick, abgemalt.«][4] 209^{b}.210^{a}: *svde qui legat*

4 Es folgt hierauf Text von anderer Hand (nicht so bei den Glossen, die weiter von derselben Hand stammen wie sonst auch) bis Sp. 194^{b}, wo oben auf der Seite *donngus* geschrieben steht; diesen Namen – des Schreibers, wie es scheint –, *dongus,* liest man auch 207^{a}, so wie auch *Calvus Patricii.* Es ist nämlich dieser Name die lateinische Wiedergabe des ir. *Máelpátric,* der für einen Mönch üblich ist, wie in diesen Marginalglossen auch *Máelbrigte,* d. i. Calvus Brigitae, begegnet, aus *brigte,* Genetiv von *brigit,* und *máel, moel,* heute *maol,* ›kahl‹ (= calvus) (vgl. jedoch kymr. *mail* ›Diener‹, S. 121). Diese bei den Iren gebräuchlichen Männernamen begegnen bei den von O'Con. herausgegebenen Schriftstellern: *Maelpatraic* 3, 421. *Maolpadraicc* 3, 363. 393. *Mælbrigte* 1, Vorrede II, S. CXLIII. *Maoilbriccde* 3, 394. *Moelbrigte* war auch der Name des Inklusen Marianus Scotus, wie offenbar wird, wenn man in den Versen, mit denen er seine Chronik abschließt, die Anfangsbuchstaben der einzelnen Wörter hintereinander liest (Pertz. 7, S. 484 Anm. 19, und S. 560 [G. H. Pertz (Hrsg.), Monumenta Germaniae Historica, Hannover 1826 ff.; Anm. d. Ü.]): *Moelbrigte clausenair romtinol* (Inkluse M. hat mich zusammengestellt), und aus zwei Anmerkungen in deren Codex, mit denen sein irischer Schreiber ihn apostrophiert: *a mélbrigte clósenair* (o Inkluse M.!), die gleich weiter unten vollständig vorgestellt werden sollen. Komposita mit *mail,*

(sic) *difficilis est ista* /XIV/ *pagina.* [»Mag schwitzen, wer das liest« (oder: »lesen soll«); »schwierig ist diese Seite.« Statt *svde* ist *sudet* zu lesen; Zeuß' Bemerkung »sic« bezieht sich wohl auf diese Verschreibung (oder auf den Konjunktiv *legat*?); Anm. d. Ü.] 212[b]: *tertia hora.* [»in der dritten Stunde.«] 228[b]: *tempus est prandii.* [»Es ist Zeit für das Mittagessen.«] An mehreren Stellen tauchen Anrufungen Gottes, Christi oder irischer Heiliger auf: *auctor adiuua lucis æternæ* [»Schöpfer des ewigen Lichtes, hilf!«], 208; *sca. trini.* [»heilige Dreifaltigkeit!«], 177; *fave xpe. adiuua xpe.* [»Sei gnädig, Christus! Hilf, Christus!«], 231, 241; *in noe. almi pi.* (beide Buchstaben mit durchgezogenem bzw. darübergesetztem Strich: *patricii*) [»im Namen des Segen spendenden Patrick«], 218; *pe. adiuua. fave pe.* (beide Buchstaben mit Strich) [»Patrick, hilf! Sei gnädig, Patrick!«], 174, 181; *sca. brigita adiuua scriptorem istius artis* [»Heilige Brigita, hilf dem Schreiber dieser Kunst!«], 192; *sca. brigita ora pro nobis* [»Heilige Brigita, bitte für uns!«], 184; *fave brigita* [»Sei gnädig, Brigita!«], 191[a]; *brigita adiuua* [»Brigita, hilf!«], 206[b]; *in noe. sci. diormitii* [»im Namen des heiligen Diormitius«], 221; *scs. diormitius oret pro nobis* [»Der heilige Diormitius bitte für uns!«], 222.

Unter den irischen Marginalglossen dieser Art sind vor allem folgende, in Ogamschrift [einem besonderen, vor allem in keltischen Inschriften benutzten Schriftsystem;

---

mael, moel, moil sind als Männernamen im Übrigen sehr häufig, z. B. unter den Namen irischer Könige im selben Codex (bei Pertz. S. 556) *Túathal Mailgarb, Maelsechnaell, Flann mac Moilsechnaill,* oder an anderen Stellen (S. 556. 558. 560) *Moelcoluim, Murchad oa Moelnambo,* oder auch noch andere, die bei O'Con. begegnen.

Anm. d. Ü.] abgefasste, bemerkenswert: *fel martaen* (›Fest des Martinus‹), 70; *cocart* (›berichtige!‹), 193[a]. 194[b]; *cocart inso* (›berichtige dies!‹; vgl. Sg. 90[a]: *ol ascocarti*, glossiert als: *quod sit emendandum* – ›was zu verbessern ist‹), 196[a]; *latheirt* (dieselbe Glosse ist auch 189[a] in Lateinschrift gesetzt und bedeutet, wie es scheint, ›bei der dritten‹, also dasselbe wie die lateinische Glosse 212[b]: *tertia hora*), 204[b]. Am oberen Rand der Seite 170 ist ein Teil der Ogamschrift vom Buchbinder weggeschnitten worden. Die Ogam-Zeichen – oder besser: -Striche –, die sich nicht von den von irischen Grammatikern notierten (z.B. bei O'Donov. introd. /XV/ XLVII) unterscheiden, waren schon in diesem alten Codex in Gebrauch – warum also nicht auch schon seit weit zurückliegenden Zeiten?

Ferner gibt es irische Marginalien, die in Lateinschrift notiert sind: *isdorchœ dom* (›ist mir unverständlich‹), 165. *uit mochrob* (›o weh, meine Hand!‹), 176[b]. *uch mochliab anóib ingen* (›o weh, meine Brust, o heilige Jungfrau!‹), 211[a]. *ní œ́rmall roscríbad inletráimso. ní m̄all* (›nicht gar so zögernd, nicht langsam geschrieben‹), 195[b]. 199[a]. *isgann inmemr et ascribend. membrum naue droch dub ó ní epur na haill. isgann membrum. istana andub* (Bemerkungen über Pergament und Tinte), 195[a]. 217. 228. 248[b]. *bendacht for anm̄ain ferguso amen. mar uar dom* (*Fergus* ist Name eines Mannes, eines verstorbenen Mönches, wie es scheint), 114. Einige sind undurchsichtiger: *daman ṡíanach*, 52. *Tiach didiv mad ferr lat* .ı. *d. o. o.*, 210. *inmaith ... cobthach*, 219[a]. 219[b]. *grácad*, 213. 223. 247. *gracad*, 220. *mochoe nóindrommo*, 226. *satharnn samchasc* (›Karsamstag‹?), 233.

Besonders erwähnenswert ist diese Randglosse: *do inis maddoc dǘn .ı. meisse ⁊ choirbbre* (›bei der Insel des Matoc (?) der Muscheln (?) wir, ich und C.‹), 194ᵃ.[5]

Einige irische Zeilen, die an manchen Stellen am Rand des Codex stehen, werden im Kapitel über poetischen Satzbau erwähnt (S. 928 f.). Dass all dies in Irland, von wo /XVI/ der Codex zu irgendeiner Zeit aufs Festland verbracht wurde, in einem irischen Kloster geschrieben wurde, scheint außer den Namen der Zeitgenossen, die ausschließlich irisch sind: Fergus, Dongus, Coirbbre, Calvus Patricii (Máelpátric), auch folgende, leicht verstümmelte Marginalglosse anzuzeigen (203ᵃ): *::: aithas patric ⁊ brig. ar máelbrigtœ namba olcc amenma frimm :::: scribund*

5 Das *dǘn, dún* am Satzende bedeutet *wir* (S. 892); die Schreibung *maddoc* steht für *matoc* (S. 81). *Matoc* aber, oder auch *Matauc,* neuir. *Madawg, Madog,* ist ein häufiger kymrischer Männername (S. 111), und über Madoc, den Sohn Owens, des Fürsten von Gwynedd oder Nordwales, gibt es kymrische historische Berichte, er habe wegen eines Bürgerkriegs seine Heimat verlassen, sei mit seinen Gefährten übers Westmeer gesegelt und um das J. 1170 in ein neues Land, d. h. nach Amerika, gelangt (vgl. Biographie universelle 26, S. 95 [L.-G. Michaud (hrsg.), Biographie universelle ancienne et moderne, Paris 1811–1828; Anm. d. Ü.]. The Cambro-Briton, Lond. 1820, 1, S. 57 ff. 125 [J. H. Parry d. Ä. (hrsg.), The Cambro-Briton and General Celtic Repository, 3 Bde., London 1819–1822; Anm. d. Ü.]. A. v. Humboldt, Kritische Untersuchungen 1, S. 388 [Kritische Untersuchungen über die historische Entwickelung der geographischen Kenntnisse von der Neuen Welt, 3 Bde., Berlin 1836–1852; Anm. d. Ü.]. Berghaus, Völker des Erdballs 1, S. 277. 278 [H. K. W. Berghaus, Die Völker des Erdballs nach ihrer Abstammung und Verwandtschaft und ihre Eigenthümlichkeiten, 2 Bde., Brüssel u. a. 1845–1847; Anm. d. Ü.]). Daraus wird man leicht den Schluss ziehen können, dass die Sage von der Entdeckung Amerikas durch den Briten Matoc, das nach seiner Entdeckung auch durch die Normannen *Insel Winland* genannt wurde, viel älter ist und auch schon den irischen Mönchen bekannt war. Und auch schon unter den Gefährten Columbans erwähnt Jonas von Bobbio einen Briten *Gurganus.* Und dennoch: ob man nicht, da es ein neuir. Subst. fem. *maideog* gibt, gäl. *maideag, maighdeag,* ›Venusmuschel‹, dem ein altes *matoc,* Gen. *matuice,* zu Grunde liegen könnte, das *inis innammatoc* als ›Muschelinsel‹ zu verstehen hat? Aber welche Insel mag mit diesem Namen gemeint sein?

roscribad indulso[6] (zu lesen: *maithas, arscribund?* – ›Güte des Patrick und der Brigita auf Maelbrigte, damit dessen Herz mir nicht böse ist wegen der Schrift, mit der dies Werk niedergeschrieben ist.‹), wobei man den Namen *Máelbrigte* für den Namen des Klosterabts oder des Leiters der Bücherschreibstube ansehen könnte.

Doch muss man sich sicher fragen, ob die Handschrift nicht im Kloster St. Gallen selbst entstanden sein könnte oder an Nachbarorten, an denen schottische Mönche lebten. Wegen der ausschließlich irischen Heiligen- und Männernamen wird man dies freilich, soweit es die Klöster St. Gallen oder auch Rheinau betrifft, wo nach Findanus im Jahre 800 auch andere Schotten in Klausur waren, oder auch soweit es Reichenau betrifft, schwerlich zugeben; denn der dort entstandene Codex No. 4 überliefert auch Germanien betreffende Inhalte. Doch gab es auch Gemeinschaften mit – wenn auch nicht ausschließlich, so doch mehrheitlich – schottischen Bewohnern, wie etwa das mit Kloster St. Gallen verbundene Viktorsberg bei Feldkirch – »der Berg, wo, wie ersichtlich ist, sich die Reliquien des hl. Viktor befinden und ihm eine Kirche errichtet worden ist, und der von einem frommen Konvent einiger Schotten bewohnt wird«, den Karl der Dicke im Jahre 882 »dem Kloster St. Gallen mit Eigentumsrecht zugeschlagen hat« (Neugart Nr. 533 [T. Neugart, Codex

6 Das Subst. *dul* ›Geschöpf, Element‹ (S. 997, Anm.), an dieser Stelle vielleicht in der Bedeutung ›Werk‹. Doch meint neuir. *dultaobh* ›(Buch-)Seite‹ kaum die Seite (im Sinne von ›Flanke‹, *taobh* = *tóib*) des Werkes, sondern eher des Blattes, sodass *dul* mit dem Subst. *duile* (S. 45) zu verbinden zu sein scheint.

diplomaticus Alemanniae et Burgundiae Transiuranae, 2 Bde., St. Blasien 1791–1795; Anm. d. Ü.]). Dieser übergibt auch im Jahre 885 »einige Gegenstände aus Röthis dem ehrwürdigen Kloster St. Gallen in der Absicht, dass hierauf von diesen Dingen zwölf Pilger in Viktorsberg versorgt werden« (Neug. Nr. 553; vgl. Pertz. 2, 73 [s. hierzu Fußn. 4!]). /XVII/ In Köln entstand ein Schottenkloster erst im Jahre 975 unter dem Abt Minnborinus, wie Marianus Scotus (Pertz. 7, 555) berichtet; der älteste Konvent dieser Art in den Rheingebieten aber war Honau (Hohenau) auf der Rheininsel bei Straßburg, um 720 von Herzog Adalbert von Elsass gegründet; er wird in dessen alten Urkunden, bewahrt in einem 1079 von Leo, Kanonikus von Honau, niedergeschriebenen Codex (hrsg. von J. Mabillon in Annal. ordinis S. Benedicti 2, 695f. [J. Mabillon, Acta sanctorum ordinis S. Benedicti, 9 Bde., 1668–1701; Anm. d. Ü.]) »Kloster der Schotten, Schottenkirche« genannt. Unter diesen Urkunden findet sich eine (S. 699f.), durch die Beatus, der Abt dieses Klosters, einiges »diesem vorgenannten Ort und den Armen und den Pilgern des Schottenvolkes« schenkt.[7]

7 Marianus Scotus, der in Köln, Fulda und Mainz lebte, sagt über sich selbst in seiner Chronik zum J. 1056 (Pertz. 7, 558): »Ich, Marianus, bin Pilger geworden für das Himmelreich, habe meine Heimat gewechselt und bin in Köln Mönch geworden.« Und der Schreiber seines Codex (ebd. S. 481): *isí side cetna blia. tanacsa aalbain in peregrinitate mea* (»dies ist das erste Jahr, seitdem ich aus Albain [d. i. Schottland; Anm. d. Ü.] gekommen bin auf meiner Pilgerschaft«). Weil über die Schottenkonvente hinaus in einzelnen Klöstern Germaniens ebenfalls einzelne Iren anzutreffen waren, sagt der Diakon Gozbert zu Recht (Pertz. 2, 30): »Den Iren ist die Gewohnheit zu pilgern fast zur zweiten Natur geworden.« Und dass Marianus, der Abt von Regensburg, »nach Art seines Volkes das Verlangen verspürt hat, die Türschwellen der Apostel Petrus und Paulus in Rom zu sehen«, erzählt sein Biograf Hibernus und berichtet weiter, dass dessen Gefährte Clemens in Jerusalem gestorben sei; auch überliefert derselbe folgendes Histörchen von der Pilgerreise, die zu Beginn des 12. Jahrhunderts bis nach Kiew, der Hauptstadt Russlands, führte: »Damals, als Domnus Abt war, gelangte von den Brüdern des Regensburger Schottenklosters ein fleißiger

Namentlich werden am Ende außer dem Schreiber Schotten erwähnt; vom Abt und einem Priester abgesehen wird den folgenden Bischofswürde zugeschrieben: »Ich, *Wellimann,* habe es auf Ersuchen geschrieben und Tag, Zeit und Ort beurkundet. Diese Urkunde wurde in der Stadt Mainz niedergeschrieben am 22. Juni im 10. Jahr der Regierung unseres Herrn, des Königs und Kaisers Karl. † Siegel des Abtes Beatus, der /XVIII/ die Niederschrift dieser Urkunde veranlasst hat. † S. des Bischofs *Conigan.* † S. des Bischofs *Echoch.* † Siegel des B. *Suathar.* † Siegel des B. *Maucumgib.* † Siegel des B. *Canicomrihc.* † Siegel des B. *Doilgus.* † Siegel des B. *Erdomnach.* † Siegel des Priesters *Hemenius.*« Für *Doilgusso* ist sicherlich *Dongusso* zu lesen, Genetiv des Namens *Dongus,* der im Codex des Priscian begegnet. Ob man wohl auch den Schluss ziehen darf, dass für *Maucumgib,* ein durch Verlesung entstandenes Unwort und weder ein irischer noch ein germanischer Name, *Mailbrigte* zu lesen ist, ein Name, der im selben Codex erwähnt ist, und dass mit dem Namen *inis maddoc,* mag man nun die Übersetzung mit ›Insel des Matoc‹ oder mit ›Muschelinsel‹ für richtig halten, von Glossator scherzhaft die Rheininsel bezeichnet worden ist, auf der der Codex entstanden ist?

---

und bei der Ausführung seiner Aufgaben bestens bewanderter Mann namens Mauricius alleine, nur von einem jungen Diener begleitet, durch die unwegsamsten Gegenden der Welt bis zum König von Russland; von ebendem König und den Fürsten der überaus reichen Stadt Kiew bekam er kostbare Pelze von Wildtieren im Werte von hundert Mark; die nun transportierte er auf Wagen ab und gelangte zusammen mit Geschäftsreisenden in Frieden nach Regensburg; vom Verkaufserlös dafür wurden die Klosterbauten, auch das Dach der Klosterkirche, errichtet.«

Die älteren Vorsteher des Honauer Schottenklosters waren zunächst Benedikt, sein Erbauer, dessen irischer Name *Tubanus* lautete (vgl. neuir. *tubha* ›Halm‹?), dann *Dubanus* (ir. *Dubán* = Nigellus, d. h. ›der Schwärzliche‹, vom Adjektiv *dub*); in den Urkunden werden auch sie als Bischöfe bezeichnet, nicht jedoch ihre Nachfolger, Stephanus und Beatus (vgl. Mabill. S. 59. 60). Sie waren freilich Bischöfe ohne Diözese, vielleicht im Rang etwas höher gestellt als nach irischer Gepflogenheit Priester (vgl. Eckharti Franc. Or. 1, 273 [J. Eckhart, Commentarii de rebus Franciae orientalis, Würzburg 1729; Anm. d. Ü.]) und von besonderer Gelehrsamkeit oder Abkunft und Reichtum. Um die Mitte eben dieses Jahrhunderts, zu dessen Beginn die angeführte Urkunde abgefasst worden war, besuchte bei seiner Rückkehr nach Rom der Schotte *Marcus* mit seinem Neffen Namens *Moengal* das Kloster von St. Gallen, als der Abt Grimoldus zusammen mit Hartmotus Vorsteher war, und blieb dort bis zu seinem Tod. Er wird ebenfalls als Bischof bezeichnet und war reich, da er ja mit Gefolge, Pferden und Maultieren reiste. Ich füge wegen der Bücher, die erwähnt werden, noch an, was über den Weggang seiner Gefolgsleute in Ratperti Casus S. Galli [Ratperts Geschichte St. Gallens] (Pertz. 2, 78) erzählt wird [hier irrt Zeuß, die angeführte Stelle stammt nicht aus Ratperts Geschichte, sondern aus der Geschichte Ekkehards IV. (Ekkehardi IV Casus S. Galli); Anm. d. Ü.]: »Pferde und Maultiere übergab ihnen der Bischof, Bücher, Gold und Gewänder aber behielt er für sich und den hl. Gallus zurück, mit der Stola angetan schließlich segnete er die Scheidenden. Unter vielen Tränen beiderseits schied /XIX/ man. Der Bischof war mit seinem Neffen und wenigen Bediensteten, die seine Sprache sprachen, zurückgeblieben.«

Erwähnt wird jedenfalls der Prisciancodex, der im Kloster von St. Gallen geschrieben wurde, in einer Handschrift des Klosters selbst, die die Bücher aufzählt, die im 9. Jahrhundert ebenda niedergeschrieben worden waren (Cod. S. Galli No. 267; vgl. Ratperti Casus S. Galli bei Pertz. 2, 91 [auch hier scheint sich Zeuß versehen zu haben, die gemeinte Stelle dürfte die auf S. 70/71 Pertz zu findende sein; Anm. d. Ü.]), ab der S. 25: »Diese Bücher ließ Abt Grimoldus anfertigen, und zwar im Kloster von St. Gallen in den Tagen Ludwigs, des Königs von Germanien, mit Unterstützung seines Propstes Hartmotus über einen Zeitraum von 31 Jahren.« Sodann werden die Bücher aufgezählt, deren Niederschrift Grimoldus veranlasste, darunter auch auf S. 27: »Grammatik des Priscian in einem Band.«[8] Im selben Codex heißt es S. 28 weiter: »Die Niederschrift dieser Bücher aber hat derselbe Hartmotus, nach Grimoldus als Abt eingesetzt unter dem vorhin erwähnten König Ludwig und seinem Sohn, Kaiser Karl, in

8 Erwähnt werden in demselben Codex S. 22 (unter Auslassung des Namens Priscian) und in einem älteren »Breviarium librorum de coenobio sci. Galli« [Verzeichnis der Bücher aus dem Kloster von St. Gallen] (St. Gallener Codex No. 728) auf S. 20: »16 Bücher des Priscian über die acht Teile [d. h. über die Bestandteile der Sprache, also eine Laut- und Formenlehre; Anm. d. Ü.]. Ebenso vom selben Verfasser 2 Bücher über die Zusammenfügung der Redeteile [also eine Satzlehre; Anm. d. Ü.]. Ebenso sein Buch an Symmachus über Maßeinheiten [behandelt Münzen und Gewichte; Anm. d. Ü.]. All dies in einem Band«, und es bleibt die Frage, ob es sich um denselben Codex handelt oder einen davon verschiedenen, älteren. Schwerlich ist dabei an diesen unseren zu denken; denn unter den Büchern, die im Codex als »in irischer Schrift geschrieben« bezeichnet werden, findet sich kein Priscian.

den Tagen seiner Regentschaft veranlasst.« Diese Könige sind Ludwig der Deutsche (840–876) und Kaiser Karl der Dicke (876–887).

Doch werden heute zwei Prisciancodices in der Klosterbibliothek aufbewahrt, die in den Handschriftenkatalogen, hrsg. von Haenel, Leipzig 1830, in Sp. 716 folgendermaßen beschrieben werden:

»903. Grammatik des Priscian. Eine vorzügliche, sorgfältig geschriebene Handschrift, die vor das 9. Jahrhundert zurückzureichen scheint. Auf S. 1 das Bild eines Priesters, der die Messe liest. Blätter aus Pergament.«

»904. In irischer Schrift geschriebene Grammatik des Priscian. Eine vorzügliche, sorgfältig geschriebene Handschrift, die auf Grund ihrer Interlinear- und Marginalglossen in irischer Sprache und mit irischer Schrifttype in /XX/ Europa zweifellos bedeutenden Ruhm erlangen wird. 8. Jh. Blätter aus Pergament.«

Da das, was aus den alten Klosterschriften über einen Prisciancodex vorgebracht worden ist, nur auf ersteren passt, fehlen für unseren irisch geschriebenem Codex, hier dem 8. Jahrhundert zugeschrieben, – abgesehen von den oben angeführten – sichere Indizien dafür, wo und zu welcher Zeit er erstellt wurde und wie er seinen Weg ins St. Gallener Kloster gefunden hat.

2. Der **«Codex Paulinus»** [Paulus-Codex], jetzt in der Universitätsbibliothek von Würzburg (Signatur M. th. f. 12, von mir bezeichnet mit ›Wb.‹), früher im Dom; er enthält Paulusbriefe und bietet dieselbe, ja sogar eine noch größere Fülle an Glossen als Sg. Wenn sein Umfang auch

kleiner ist, so sind doch die Glossen selbst reichhaltiger, begleiten den Text mit der Ausführlichkeit eines fortlaufenden Kommentars und erläutern weniger – wie es im Sg. häufig geschieht – Einzelwort mit Einzelwort als vielmehr Sinn und Zusammenhang des Paulustextes durch ganze irische Sätze. In etwa gleicher Fülle sind auch rein lateinische Glossen eingestreut. Von Anfang bis Ende, bis zum vorvorletzten Blatt bzw. bis Sp. 34[a] (also bis Hebr. 7,9), ist der Codex voll von derartigen Glossen von genauer, sorgfältiger Hand; deren Schriftzüge sind zwar äußerst fein, doch zugleich scharf und deutlich – so bis Blatt 32 und auch die vierte Spalte dieses Blattes (32[d]) hindurch; darauf folgt in den verbleibenden Spalten eine dickere und breitere Handschrift. Auch eine dritte Hand ist in diesem Codex, wie im Sg., festzustellen, die hie und da über das ganze Buch verteilt irische Ausdrücke hinzugefügt hat. Und dieser Codex ist es, an den sich Eckhart in seinen ›Commentarii de rebus Franciae orientalis‹ (1, 272. 452. 847) erinnert, aus dem er auch manches in Auszügen wiedergibt, doch in großen Teilen fehlerhaft. Das nimmt auch nicht wunder, wäre es doch zuviel verlangt von jemandem, der nicht über allzu scharfe Augen verfügt und obendrein der Sprache unkundig ist, diese winzigen, zum Rande hin öfters verblassten Buchstaben, deren einige (z. B. *n, r, s*) einander sehr ähneln, richtig zu lesen /XXI/ und wiederzugeben. Die Leseprobe im Anhang unseres Werkes führt nur irische Glossen vor und – zwar nicht buchstabengetreu (denn schon in diesen alten Handschriften greift die den

Iren eigene Ortografie[9] und Abweichung von der reinen la-

9 Dass diese Eigentümlichkeit aus der Ortografie und Aussprache der Muttersprache herrührt, zeigen bereits die mit Akzent markierten Langvokale besonders bei einsilbigen Wörtern und Flexionsendungen, recht häufig beim Dativ Pl. auf *-ís* (sowohl für *-is* als auch für *-iis*), beim Genetiv Sg. auf *-ús* und auch sonst, z. B. in Wb.: *tú ó homo* 29^{b}. *ó homo tú quis és* 4^{c}. *sé habent* 29^{a}. *síc offenderunt, síc ergo* 5^{a}. 5^{b}. *híc apparet* 30^{d}. *sicut fúr* 25^{b}. *alligabis ós* 29^{a}. *uerbís nostrís* 30^{d}. *virís suís* 22^{c}. *filís* 16^{a}. *in alís linguís et alís labís* 12^{d}. *episcopatús tui* 30^{d}. *pacem habé* 31^{a}. Ebenso *abít* (abiit) 30^{d}. *simulat sé certáre* 30^{d}. Äußerst häufig ist die Verwechselung von *s* und *ss* (vgl. S. 61), sodass *ss* für *s* steht: *cessaris domus* Wb. 24^{b}. *primitius assiae* 7^{b}. *essaias* 5^{c}. 6^{b}. *ephessi* 20^{d}. *onessimus* 31^{d}. *heresses* 11^{d}. *inuissibilia* 26^{c}. *concissio* 23^{d}. *circumcissio* 20^{b}. *circumcissus* 23^{d}. *occassio* 17^{c}. 20^{b}. *depossitum* 29^{d}. *propossitum* 30^{c}. *essurit* 11^{d}. *ussus sum* 14^{c}. *lessimus* (laesimus) 16^{a}. Umgekehrt *s* für *ss*: *colosenses, colosís* 26^{b}. 26^{c}. *socii pasionum* 14^{b}. *necesarii* 12^{a}. 12^{b}. *amisio, intermisio* 5^{b}. 25^{c}. *promisio* 16^{a}. 19^{c}. 20^{a}. *remisio* 16^{c}. Und sogar mit Akzent in Cr. 32^{b} [Cr. = Karlsruher Codex, vgl. im Text weiter unten; Anm. d. Ü.]: *uno ratione saltús amíso.* Doch liest man auch die korrekte Schreibweise: *æclesiae asiae* Wb. 14^{a}. *circumcisio* 18^{d}. 31^{b}. *necessarius* 23^{d}. 31^{d}. *necessitas* 32^{a}. *intermissio* 29^{d}. So sind auch andere Konsonanten, Liquidae oder Mutae, fälschlich geminiert: *ollim* Wb. 18^{a}. *intollerantia* 14^{b}. *querella* 24^{d}. 25^{a}. 25^{c}. *pœnulla* 30^{d}. *current* (curent) 31^{d}. *aerrarius* 30^{c}. *aufferre* 29^{b}. *salutate appellen* 7^{b}. *appollo* 7^{d}. 8^{c}. 14^{a}. 31^{d}. *appollonius* Sg. 158^{b}. Umgekehrt: *aparuit* Wb. 31^{c}. *oportune inoportune* 30^{d}. Es wechseln *f* und *ph* miteinander ab: *philosofia* 27^{a}. *chirografum* 27^{a}. *propheta, profeta, profetare* des Öfteren; es begegnet *b* für *v*: *oliba* (so dreimal) 5^{b}; *abia* (avia) 29^{d}, aber auch für *p*: *babtizare, babtisma* 7^{d}. 21^{d}. *obtat* 30^{d}, wie auch gelegentlich *d* für *t*: *uelud* 32^{a}. *credenses* 31^{b}. Zwischen den Vokalen *e* und *i* bzw. *o* und *u* findet häufig Vertauschung statt: *E* für *i*: *emitatores* Wb. 9^{a}. 11^{c}. *dedicisti, dediceris* 30^{c}. *relegio* 27^{a}. *dileges proximum* 20^{b}. *delegere, delegit, dilegite* 22^{c}. *neglegere* 28^{d} [hier irrt Zeuß: diese Schreibung mit e ist korrekt; Anm. d. Ü.]. *abstenete* 25^{c}. *euigelate* 13^{c}. *ancella* 20^{a}. *ingemescimus* 15^{c}. *I* für *e*: *domus stifanæ* 14^{a}. *per alligoriam* 20^{a}. *accipistis* 9^{c}. 27^{a}. *perigrinamur* 15^{c}. *mercidem, mercide* 8^{c}. 10^{d}. 29^{a}. *fidilis* 9^{a}. 11^{b}. 27^{c}. *serui fidiles* 29^{b}. *domisticus* 20^{c}. *adoliscentia* 28^{d}. *O* für *u*: *motare* (mutare) in Sg. des Öfteren. *commonem, commonicatio* Wb. 31^{a}. 32^{a}. *luxoria* 22^{c}. 31^{b}. *iracondus* 31^{b}. *conrogatus* (corrugatus) Ml. [= Mailänder Codex, vgl. im Text weiter unten; Anm. d. Ü.]. *U* für *o*: *diabulus* Wb. 22^{d}. 28^{b}. 29^{b}. *consulari, consulatio* des Öfteren. *A* für andere Vokale, auf Grund eines Assimilationsvorganges: *alaxander* Wb. 28^{a}. 30^{d}. *malafactor* 30^{d}. *aparatio* (apparitio) 31^{d}. *Ae, æ* und *e* stellen ein und denselben Laut dar: *aedat, aedunt* 10^{d}. 11^{d}. *obaedite, obœdite* 22^{c}. 22^{d}. 27^{c}. *increpa duræ* 31^{b}. *troadae* (*-ade*: Abl.) 30^{d}. *aeclesia* 9^{a}. *æclesia* 12^{c}. 13^{a}. *eclesia* 9^{c}. *aepistola, æpistola, epistola* des Öfteren. *haebreus ex hæbreis* 23^{d}. *grecus, greci* 8^{a}. 19^{c}. *quero, querunt* 18^{c}. 23^{d}. *cessaris* 24^{b}. Für *y* begegnet gewöhnlich *i*: *cimbalum* 12^{b}. *siria* 18^{d}. *scitha* 27^{b}. *ab ægipto per moysen* 33^{a}. *per moisen* 32^{d}. *giri* Cr. 18^{b}. *H* fehlt: *exibet* Camarac. [= Codex von Cambrai, vgl. im Text weiter unten; Anm. d. Ü.]. *exortari* in Wb. des Öfteren. *dignus abetus* (habitus) *est* Wb. 32^{d}; doch ist es des Öfteren auch überflüssigerweise vorhanden: *abhominati* Wb. 31^{b}. *honera, habundantia* Cam. *honus, hostium* Wb. 20^{c}. 27^{c}. *honessimus* 24. *usque ad hiliricum* (Illyr.) 6^{c}. *habundare* des Öfteren (dagegen *abunde, abundare* 13^{b}. 25^{a}. 31^{d}). Von daher findet man beständig die Schreibung *hís qui, hísdem uestigís* für *iis qui, iisdem.* Die Präpositionen *ad, con, in* findet man in der Komposition selten den folgenden Konsonanten angeglichen. Das Kürzel *ɔ* für *con-* (oder *com-, co?*) ist in irischen Glossen häufiger, seltener aber in lateinischem Text: *ɔtumilís* (contumeliis) Wb. 20^{c}. Unter den Schreibkürzeln steht ferner *p* mit übergesetztem Strich für *prae, pre*: *p.dicauerim, p.sens* Wb. 13^{a}. 17^{a}. *interp.tetur* 12^{c}; das im Ir. häufige *p.cept, p.dchim* habe ich stets wiedergegeben mit *precept, predchim.* Für den Vokal *u* begegnet im lateinischen Text des Codex Wb. häufig ein über Konsonant oder auch Vokal übergesetzter halbkreisförmiger Bogen. Ebendort stehen auch ein oder zwei Punkte zwischen den Wörtern auf halber Buchstabenhöhe an Stelle unseres Kommas, zwei Punkte

teinischen Schreibart /XXII/ Platz, wie sie bislang schon im Codex des Chronisten Marianus Scotus begegnet ist und wie sie von Waitz bei Pertz. 7,494 beschrieben wird), jedoch wortgetreu – den Paulustext, der kleinere als die üblichen Kapiteleinteilungen aufweist; diese sind durch Zahlen am Rand gekennzeichnet und beginnen im Codex entweder mit einem einzelnen größeren Buchstaben oder mit zwei, seltener drei nach Art eines Monogramms verbundenen. Ich habe sie im Druck stets mit zwei Großbuchstaben gekennzeichnet. Frei von Glossen, sieht man von der einen oder anderen Stelle ab, sind die kurzen Inhaltsangaben, die den Briefen vorangestellt sind und die, v. a. am Anfang und Ende, seltener in der Mitte, eine eigentümliche Schreibung aufweisen; ihr Merkmal sind lang ausgezogene, gekrümmte Apices auf den Buchstaben, sodass eine gewisse Ähnlichkeit mit der Merowingerschrift besteht.

Eine sichere Aussage darüber, wann dieser Codex nach Würzburg gekommen ist, macht auch Eckhart an der Stelle, wo er ausführlicher über ihn spricht (1,452), nicht: »Ehrfürchtig wird im Domschatz das Evangeliar verwahrt, das der hl. Kilian benutzt haben soll und das schon ob seines außerordentlich hohen Alters ehrwürdig ist. Denn im 7. Jahrhundert ist es in Quadratschrift niedergeschrieben

bisweilen an Stelle unseres Punktes innerhalb fortlaufenden Textes. Ende eines längeren Satzes oder eines Kapitels wird bisweilen durch einen Punkt mit einer gekrümmten Linie ähnlich unserem Komma, häufiger noch durch zwei Punkte mit einer solchen Linie (also . , oder . . ,) oder aber durch zwei solche miteinander verbundene Zeichen oder durch eine noch größere Zahl von Punkten gekennzeichnet. In anderen Handschriften findet man noch eine andere Kombination, wie das Zeichen :-, entweder einmal ans Ende gesetzt oder öfter, z. B. dreimal, wobei dann obendrein drei Punkte (:·), ohne weiteren Zusatz oder mit einer gekrümmten Linie, hinzugefügt werden.

worden, im Alter den Florentiner Pandekten gleich, wenn nicht sogar älter ... Die übrigen /XXIII/ Bücher sind verloren. Gerne würde ich ihnen einen Codex der Paulusbriefe anfügen, die durch irische Glossen erläutert sind, schiene er nicht auf Grund seiner Schriftzüge M. R. P. Montefalcon und anderen Pariser Gelehrten wie auch mir selbst jünger und ins 9./10. Jahrhundert zu stellen. Da mir nicht bekannt ist, dass unterdessen noch ein anderer Ire außer Kilian und Gefährten in Würzburg gewesen wäre oder dass sonst jemand dort diese Sprache verstanden hätte, füge ich Auszüge aus den Eingangskapiteln des Römerbriefes an, wobei hie und da einige Anmerkungen von mir beigefügt sind, die es erweisen werden, dass jene Glossen irisch sind.« Doch gab es sehr wohl in Würzburg auch nach dem hl. Kilian noch Iren. Es dürfte im 11. Jh. ein irischer Abt dort gewesen sein, wenn man Annales IV magist. zum Jahr 1085 bei O'Con. 3, 648 Glauben schenken darf: *Gilla na naomh*[10] *Laighen, uasal eps. Glinnedalocha ⁊ cennmanach iar sin in Uairisburg, decc. vii Idus April.* (»Gildas von den Heiligen aus Leinster, hochehrwürdiger Bischof von Glendalough und später Oberhaupt der Mönche zu Würzburg, starb am 7. April«, wie O'Con. übersetzt.)

---

10 *Gilla-na-naomh,* älter *Gillananóeb,* womit ein *Diener der Heiligen* bezeichet wird, von *gilla,* neuir. *giolla* (›Diener‹ = kymr. *Gildas,* s. S. 800), ist ein Name wie *Giolla-Padraicc mc. Conghail* (G.-P., d. h. ›Diener Patricks‹, Sohn des C.), *Giolla-Cr. ua Maoilbeltaine* (G.-Cr., d. h. ›Diener Christi‹, Enkel des M.) bei O'Con. 3, 754. 802. Sonderbarerweise werden diese Namen bei O'Con. übersetzt mit »Gildas Patricius f. C., Gildas Christianus O'M.«, während doch die Bedeutung etwa dieselbe ist wie bei den Komposita mit *mael-, maol-,* und man sollte sich fragen, ob dieses Wort denn wirklich richtiger mit kymr. *mail* aus *magil* (S. 121) als mit dem Adj. *maol* zu verbinden ist. Daraus ist zu folgern, dass *Gilla nanóeb* (oder *-nóebe* Sing. Fem., ›der heiligen Jungfrau‹ ?) der irische Name des Abtes Marianus gewesen ist, so wie *Maelbrigte* der des Inklusen Marianus gewesen ist, und dass die Schotten sich an Stelle ihrer eigenen, irischen auf dem Festland lateinische oder biblische Namen zugelegt haben.

Doch besteht kein Zweifel, dass in dieser Notiz eine Unsicherheit zwar nicht der Zeit, aber doch des Ortes steckt, eine Verwechselung der Namen Würzburg und Regensburg, und dass Marianus Scotus gemeint ist, der in Regensburg Ende des 11. Jh. unter Bischof Otto (der das Bistum von 1060 bis 1089 regierte; in Erfurt soll er sogar schon 1036 das /XXIV/ Schottenkloster gegründet haben, Boll. Febr. 2, 361 [J. Bollandus u. a. (Hrsgg.), Acta Sanctorum, Antwerpen 1643ff., hier 2. Band des Monats Februar, S. 361; Anm. d. Ü.]) Gründer und erster Abt des Klosters der Pilger seines Volkes war, von wo die Schotten erst im folgenden Jahrhundert nicht nur nach Würzburg, sondern auch nach Nürnberg, Wien und Eichstätt zogen. Daraus muss man schließen, dass von diesem Marianus der Codex Paulinus Vindobonensis geschrieben wurde, der lateinische Interlinear- oder Marginalkommentare sowie einige irische Glossen, die hie und da am Rand beigefügt sind, enthält (Denis, Codd. ms. theol. biblioth. pal. Vindobonensis, Bd. 1 S. 1, Sp. 127ff. [M. Denis, Codices manuscripti theologici Bibliothecae Palatinae Vindobonensis, 6 Bde., Wien 1793–1802; Anm. d. Ü.]. Lambec Comment. 2, 749 [P. Lambeck, Commentarii de Augustissima Bibliotheca Caesarea Vindobonensi, Bd. 2, Wien ^{2}1769; Anm. d. Ü.]; vgl. Pertz. 7, 484 Anm. 22. 23); und dass dies im Jahre 1079 geschehen ist, ergibt sich aus seinen Glossen selbst.[11] Man

11 In Sp. 10^{a} ist zu lesen: *satharn casc innocht* (Ostersamstag in dieser Nacht) *f. kl. april. anno domini .M.LXXVIIII. Mariani miseri domine miserere.* [f. = feci (»ich habe es gemacht«, d. h. niedergeschrieben)? Oder = fuit (»ist es gewesen«)? »An den Kalenden des April« (d. h. am 1. April) »im Jahre des Herrn 1079. Erbarme dich, Herr, des armen Marianus«. Diese Bemerkungen bleiben etwas rätselhaft, denn wenn der Ostersamstag (also der Samstag

muss auch die Frage stellen, ob nicht ebenfalls von ihm der ›Codex regularum‹ von Klosterneuburg geschrieben worden ist, da Dempster überliefert, Marianus habe »die Regel für seine Brüder in einem Buch und anderes« (vgl. S. 933 unseres Werkes sowie Boll. Febr. 2, 363) geschrieben, und da Aventinus, der vor der Zerstörung des Klosters in Regensburg war und die Codices des Marianus eingesehen hat, ihn als herausragenden Dichter und Theologen bezeichnet (Ausgabe Ingolstadt S. 553 [s. hierzu Anm. 11!]). Ob wohl auch in anderen Klöstern der Donaugebiete /XXV/ Codices verborgen sind, die irische Gedichte enthalten? Über Marianus' Fleiß beim Bücherschreiben sagt sein Biograf, ebenfalls Ire, ein Regensburger Mönch (der auch noch mehr berichtet – wie er selbst sagt: »so wie mir Pater Isaak, der 120 Jahre alt wurde, sein Zeitgenosse war und unter seiner Leitung und Aufsicht sein Leben

---

der Osteroktav) des Jahres 1079 gemeint ist, so fiel dieser nicht auf den 1. April, sondern auf den 30. März, also eine Diskrepanz von zwei Tagen – ein Versehen des Marianus? Oder bedeutet das »f.« doch etwas anderes? Anm. d. Ü.] In Sp. 17[a]: *Ascensio domini hodie VI. n. maii. anno domini M.LXXVIIII. Mariani miseri domini miserere.* [»Christi Himmelfahrt heute, den 2. Mai im Jahre des Herrn 1079. Erbarme dich, Herr, des armen Marianus«. Hier stimmt das Datum mit dem liturgischen Tag überein; Anm. d. Ü.] »An der Fußzeile des Codex«, um mich Denis' Wortlaut zu bedienen, »liest man in roten Buchstaben, wie bei allen Über- und Unterschriften«: *In honore indiuidue trinitatis Marianus scottus scripsit hunc librum suis fratribus peregrinis. Anima eius requiescat in pace. propter deum deuote dicite. amen. XVI. kl. iunii hodie feria VI. anno domini M.LXXVIIII.* [»Zur Ehre der unteilbaren Dreieinigkeit schrieb Marianus Scotus dieses Buch für seine aus der Fremde stammenden Brüder. Seine Seele ruhe in Frieden. Um Gottes Willen sagt es in Ergebenheit. Amen. 17. Mai heute, Freitag, im Jahre des Herrn 1079.«] Dass dies Marianus, als er noch lebt, zu den künftigen Fremden aus seinem Volk sagt, vermutete bereits Lambeck; wenigstens hat keiner von beiden, weder Lambeck noch Denis, angegeben, dass diese letzte Glosse von anderer Hand angefügt worden sei. Aventinus (S. 553 [wohl = J. Aventinus, Annalium Boiorum libri septem, Ingolstadt 1554; Anm. d. Ü.]) spricht von einem Psalter mit Kommentar, der aus den heiligen Kirchenvätern von Marianus zusammengestellt worden sei und den er anscheinend gesehen hat, und führt die Einleitung daraus an, die belegt, dass Marianus im J. 1074, »im siebten Jahr seines Aufenthalts in der Fremde« dieses Werk geschrieben habe, das er, wie am Ende angefügt wird, »am Fest des Georg begonnen und an dem des Matthäus und Heimeram beendet hat.«

zubrachte, oft berichtete«) das Folgende (Boll. Febr. 2, 367): »Eine solch große Begnadung im Schreiben hat die göttliche Vorsehung dem sel. Marianus erwiesen, dass er viele umfangreiche Bände mit flinker Feder schreiben konnte. Denn um es wahrheitsgetreu und unverblümt zu sagen: Unter allen Taten, die die göttliche Barmherzigkeit durch eben diesen Mann zu wirken für wert befand, halte ich es für des Lobes und der Bewunderung besonders würdig und bewundere ich voll Staunen, dass ebendieser heilige Mann das Alte und Neue Testament samt den kommentierenden, erläuternden Handschriften zu diesen Büchern nicht ein-, nicht zwei-, sondern viele Male für Gotteslohn, mit dünnem Gewande angetan und bei karger Nahrung, mit Unterstützung seiner eigenen Brüder, die das Pergament vorbereiteten, eigenhändig niedergeschrieben hat. Auch hatte er zur selben Zeit viele Büchlein und viele Psalterhandausgaben für bedürftige Witwen und arme Brüder in derselben Stadt für sein Seelenheil, ohne Hoffnung auf irdischen Lohn, wieder und wieder geschrieben. Außerdem stützen sich viele Kongregationen des Mönchsordens, die sich aus dem Glauben und der Liebe sowie der Nachahmung des sel. Marianus herleiten und als Pilger aus irischem Gebiet Bayern und Franken bewohnen, zum größeren Teil auf die Schriften des sel. Marianus.« Dass er nicht nur bei Tag, sondern auch in der Nacht an den Büchern zu schreiben pflegte, zeigen die irischen Marginalglossen des Codex Vindobonensis ebenso an, wie es sein Biograf in dieser Sache beredt versichert, wenn er vom Wunder seiner leuchtenden Finger erzählt. Einer seiner Gefährten, Clemens, »gelangte nach Jerusalem und beschloss dort in Frieden sein Leben«, ein anderer, Johannes, »verließ den sel. Marianus und seine lieben Angehörigen aus Sehnsucht nach dem ewigen Leben und gelangte so ins heutige Göttweig in Österreich, und indem er /XXVI/ den Weg einer strengeren Zucht beschritt, wurde er dortselbst Inkluse.«[12] Über die Heimat in Leinster und den Episkopat in Glendalough (vgl. Boll. Febr. 2, 834. Jun. 1, 310; zum Mönch von Dunkeld macht ihn zuvor Dav. Camerarius, Boll. Febr. 2, 364) schweigt derselbe irische Mönch von Regensburg und sagt, Marianus stamme aus dem Nordteil Irlands, aus derselben Gegend stammten auch sechs Nachfolger, ein siebenter schließlich, Domnus, stamme »von Südirland«, nach ihm sei ein achter, Christian, in Richtung Heimat aufgebrochen, von dort wiedergekehrt und abermals zurückgewandert und dann in Irland gestorben.

12 Über den Orden der Inklusen, der die religiösen Kasteiungen der Inder noch übertrifft, bietet Rader ein erinnerns- und lesenswertes Dokument in Bavaria sancta 3, 115 [M. Rader, Bavaria sancta, 3 Bde., München 1615–1627, Nachdruck 1704, dort S. 117; vermutlich hat Zeuß eine andere, mir nicht zugängliche Auflage benutzt, jedenfalls divergieren seine Seitenangaben aus Raders Werk und die Seiten, auf denen ich die bezeichneten Stellen vorgefunden habe, immer etwas; Anm. d. Ü.] Dem ist hinzuzufügen, was ein alter Schriftsteller über Findanus Scotus, der, wie es heißt, um das J. 800 beim Kloster Rheinau »weggeschlossen, in einem überaus engen Ort eingeschlossen« war, und über seine strenge Lebensweise berichtet (Goldast. script. rer. alam. 1, 205 [M. Goldast, Rerum Alamannicarum scriptores aliquot vetusti, 3 Bde., Frankfurt/Main [3]1730; Anm. d. Ü.]). Dreißig Jahre hindurch »freiwillig eingeschlossen« lebte Eusebius Scotus auf dem Viktorsberg Ende desselben Jahrhunderts (Pertz. 2, 73). Vorgänger des Abtes Marianus war ebenfalls ein Schotte, der in Regensburg »im oberen Kloster eingeschlossen« war, Murcheratus oder Muricherodachus (Boll. Febr. 2, 364. 368; ir. *Muirchertach*), Vorgänger des Chronisten Marianus in Fulda ein Schottenmönch Animcadus (ir. *Animchath*), und in Paderborn besuchte derselbe Marianus, später ebenso Inkluse, das Grab des Schottenmönches Paternus, der sich, »das Martyrium anstrebend, in seiner engen Klause« hat verbrennen lassen (vgl. Marianus' eigene Chronik bei Pertz. 7, 557. 558).

Nach Würzburg ins Schottenkloster, das von Bischof Embricho im Jahre 1134 neu errichtet worden ist, wie einheimische Quellen berichten (Gropp. Script. rer. Wirceburg. 1, 520 [I. Gropp, Collectio novissima scriptorum et rerum Wirceburgensium, Bd. 1, Frankfurt 1741; Anm. d. Ü.]), wurde von diesem Regensburger Abt Christian als erster Abt Macarius »samt einigen Brüdern« geschickt, der vom Autor der Marianusbiografie als »im göttlichen Gesetz hochgelehrt und durch seine langjährigen Studien der freien Künste in ganz Irland hochberühmt« bezeichnet wird. Carus, nach ihm der dritte Abt der Würzburger Schotten und Kaplan König Konrads, wurde der erste Abt des in Nürnberg gegründeten Schottenklosters (das heute das 1526 von Melanchthon eingeweihte Egidiengymnasium ist), dort hatte er Declanus, /XXVII/ Kaplan Konrads und Friedrich Barbarossas, zum Nachfolger, der die Egidienkirche »aus roten Natursteinquadern errichtete«, so das Zeugnis eines irischen Mönches. Als Gregor, der Nachfolger Christians, das Regensburger Kloster leitete, zogen nach Wien, auch in ein – von Herzog Heinrich gegründetes – Schottenkloster »vierundzwanzig Brüder« unter dem Abt Sanctinus hinunter, und weitere Schotten kamen damals erstmalig nach Eichstätt (Boll. Febr. 2, 371. 372; vgl. Pertz. 11, 617). Sowohl die Namen wie auch der Bericht selbst weisen diese als Iren aus; erst die Äbte und Brüder jüngerer Zeit wurden der alten Genügsamkeit und Gelehrsamkeit untreu, strebten nach Gegenteiligem und schlugen Güter der Klöster, zumal die Bücher, einzeln los, und da ihnen aus der Heimat keine Jüngeren nachfolgten, konnten sie also ihre Niederlassungen in Deutschland nicht beibehalten und hatten Deutsche zu Nachfolgern, zunächst in Wien und Nürnberg in den Jahren 1413 und 1418, später in Würzburg im Jahre 1497 (Boll. Febr. 2, 362. Oefelii Script. 1, 342. 344. 350 [A. F. Oefele (Hrsg.), Rerum Boicarum Scriptores, Augsburg 1763; Anm. d. Ü.]). Das Regensburger Kloster, das erste in seiner Art und Sitz des Marianus, ging 1552 auf Grund seiner Zerstörung im Krieg unter (Rader. Bav. sancta 2, 222 [s. hierzu Anm. 12!]).

Zu unterscheiden vom Regensburger Abt Marianus Scotus ist sein Zeitgenosse, ein anderer Marianus Scotus, zunächst Mönch in Köln, später Inkluse in Fulda und Mainz beim Kloster St. Martin, wo er um das Jahr 1083 starb (Pertz 7, 484), nachdem er ein chronologisches und historisches Werk vollendet hatte; eine zeitgenössische Handschrift seines Werkes – zunächst in der Bibliothek ebendieses Klosters, später in der Palatina, heute im Vatikan–, zum Teil vielleicht von ihm selbst niedergeschrieben, bewahrt ein kleines Gedicht über die Segnung Irlands (S. 944) und erwähnt eine Stelle aus einem irischen Hymnus auf den hl. Patrick.[13] Dieser Ire war /XXVIII/

13 Doch mit bereits mangelhaftem Verständnis der ungewohnten Form (Pertz. 7, 529): *Sucat nomen Patricii in baptismate. Cothraege diambœ icfognam docethar treb.* (Sucat war Patricks Name bei seiner Taufe. C., als er Dienst tat an vier Gehöften), abgeleitet aus dem 3. Distichon des Hymnus: *batar ile cathraige* bzw. *cothraige* für *ilchatraig* (S. 943 Anm. 1), als ob *Cothraige* ein eigener Name des Patrick als Diener gewesen wäre [tatsächlich ist es einfach die irische Form von Patrick; Anm. d. Ü.]. Dass dieser Codex, der die Schrift zweier verschiedener Hände aufweist (Pertz. 7, 481. 482), zu einem Teil von einem Schotten, der aus Albain (dem heutigen Schottland) nach Mainz ins St.-Martins-Kloster gekommen war, geschrieben worden ist, lehren zwei Anmerkungen desselben, durch die er Marianus an bestimmten Tagen bei der Strenge des Inklusentums aufheiterte. Die eine in Sp. 33ª: *ISóinn dǘn indiv a mǽlbrigte clǘsenair in maganatia isí dardóen riafél petair isí cetblia. dendegáid* .ı. *isí blia. irromarbat diarmait rí lagen.* ⁊ *isí side cetnablia. tanacsa aalbain* (dies ist für uns ein freudiger Tag, o Inkluse Maelbrigte, in Mainz; dies ist der Donnerstag vor dem Feste Petri, dies

sicher ebenfalls – wenn auch nur ganz kurze Zeit – in Würzburg und wurde dort zum Priester geweiht, wie er in seiner Chronik zum Jahr 1059 selbst bezeugt (Pertz 7,558).

Ferner gab es in Würzburg – und zwar für länger und auch vor der Gründung des Schottenklosters – einen irischen Gelehrten Davides, der sich um das Schulwesen verdient gemacht hat, den Verfasser der Geschichte des von Heinrich V. in den Jahren 1111/1112 unternommenen Zuges nach Rom. Sein Buch ist zwar verloren, doch gibt es ein Exzerpt von William von Malmesbury und von Ekkehard, der als Zeitgenosse und seinerseits berühmter Historiker folgendes über dieses Zeugnis äußert (Pertz 8, 243): »Der König hatte die Notwendigkeit vorhergesehen, sich nicht nur mit bewaffneten, sondern auch mit belesenen Männern auszurüsten. Unter ihnen glänzte einer von schottischer Herkunft namens David hervor, den der König als langjährigen Leiter der Schulen zu Würzburg in Anbetracht der Rechtschaffenheit seines Charakters und der umfassenden Kenntnis in den freien Künsten sich als Kaplan beigesellte. Er stellte daher auf Befehl des Königs den gesamten Verlauf dieses Zuges und der dabei vorgekommenen

ist das erste Jahr danach, d. h. dies ist das Jahr, in dem Diarmitius, der König der Leinster-Leute, getötet wurde, und dies ist ebenso das erste Jahr, seitdem ich aus Albain gekommen bin; lateinisch fährt er fort:) »auf meiner Pilgerschaft. Und ich habe dieses Buch um der Liebe willen für dich und alle Schotten, d. h. Iren geschrieben, der ich ja selbst ein Ire bin.« Der Tod des Königs Diarmitius wird in der Chronik des Marianus für das J. 1072 angezeigt. Die andere Anmerkung in Sp. 67[a]: *ISobenn dv́n indiv ámélbrigte clvsenáir diamairt .II. kl. avg. Maniderntais scoloca manestrech mavritin braflacc damsa frileberinn ittge cotocenn* (heute ist für uns ein freudiger Tag, o Inkluse Maelbrigte, am Dienstag, dem 31. Juli. Wenn nicht die Diener des Martinsklosters mir Unrecht zufügten, würde ich Bitten aussprechen beizutreten, d. h. zugelassen zu werden; lateinisch fährt er fort:) »wie ich samt Schriftstücken in eine Jauchegrube gefallen bin. Aber ich sage Dank und bin in der Jauche der Franken nicht untergegangen. Aber dennoch bitte ich die Schüler, ihnen einen Fluch zu senden.« Siehe das Faksimile bei Pertz. 7 auf der zu S. 481 beigegebenen Tafel.

Ereignisse in gewandtem Stil in drei Büchern dar.« Dass er später unter Macarius Mönch geworden ist, überliefert Trithemius (Pertz 8, 11 Anm. 15).

/XXIX/ Einer dieser irischen Gelehrten dürfte den Codex Paulinus aus Irland mitgebracht haben. Doch füge ich all dem noch hinzu, dass in einem älteren Verzeichnis des 9. Jahrhunderts aus dem St. Gallener Kloster unter den schottisch abgefassten Büchern auch »Briefe des Paulus in einem Band« erscheinen. (Vgl. Weidmann, Hist. Biblioth. S. Galli [F. Weidmann, Geschichte der Bibliothek von St. Gallen seit ihrer Gründung um das Jahr 830 bis auf 1841, St. Gallen 1841; Anm. d. Ü.] und Keller, Comment. de codd. hibernicis in Helvetia asservatis [F. Keller, Bilder und Schriftzüge in den irischen Manuscripten der schweizerischen Bibliotheken gesammelt und mit Bemerkungen herausgegeben, in: Mittheilungen der antiquar. Gesellschaft zu Zürich VII,3 (1851), S. 63ff.; Anm. d. Ü.], dort in der Einleitung.) Als Codex des 9. oder 10. Jahrhunderts wird der Würzburger Codex Paulinus von Eckhart am angegebenen Ort bezeichnet, als Codex des 9. Jahrhunderts an der Schwelle zum 10. Jahrhundert, weiters unter anderem als Codex der Dombibliothek (1, 272. 847). Doch ist die Sprache wie auch die Schreibweise dieselbe, die auch im Codex Mediolanensis begegnet, während der St. Gallener Prisciancodex, in sich einheitlich, im Ganzen einige Besonderheiten bietet; aus der Gruppe der Codices, die einige Gelehrte dem 8. Jahrhundert zugewiesen haben, darf er nicht so ohne Weiteres ausgesondert werden.

3. Der **«Codex Mediolanensis»** [Mailänder Codex] der Bibliotheca Ambrosiana (mit der Signatur C. 301, bei mir mit dem Kürzel Ml. bezeichnet). Er enthält eine Fülle an Glossen, nicht geringer als die, die jeder der zuvor beschriebenen Codices enthält. Dass er in die Bibliotheca Ambrosiana aus dem Kloster zu Bobbio überführt wurde, teilt folgende Notiz auf der Vorderseite des Codex mit: »Wisse, dass dieser Codex der Psalmenkommentare des hl. Hieronymus, in langobardischer Schrift niedergeschrieben und, mit Anmerkungen eines Gelehrten übersät, aus der Bibliothek von Bobbio, die vom hl. Columban gegründet wurde, hervorgegangen ist und dem Hochwürdigsten Kardinal Federico Borromeo, als er in Mailand die Bibliotheca Ambrosiana gründete und von überall Handschriften zusammensuchte, von den sehr frommen Patres des hl. Benedikt für ein Gegengeschenk seitens jenes Hochwürdigsten Herrn freundlichst angeboten wurde – geschehen im Jahre 1606, als Antonius Olgiatus, der diese Bibliothek als erster betreute, deren Vorstand war.«

Ein Bestandskatalog der Bücher des Klosters zu Bobbio, der im Jahre 1461 erstellt und von A. Peyron in seiner ›Praef. ad Cicer. Orat. fragm. inedita‹ [Praefatio ad Ciceronis Orationum fragmenta inedita = Vorrede zu den unveröffentlichten Fragmenten aus Reden Ciceros; Anm. d. Ü.] (Stuttgart 1824) herausgegeben wurde, führt über den Codex Folgendes /XXX/ an, das mit einer alten Anmerkung im Codex selbst übereinstimmt (Peyr. S. 26. 188): »In diesem Band ist die Darlegung des Priesters Hieronymus über den Psalter enthalten, doch nicht sogleich mit dem ersten Psalm beginnend, sondern zunächst, entgegen der Reihenfolge, einige andere erörternd. Sodann gemäß der Reihenfolge der Psalmen, d. h. beginnend mit dem ersten und dann der Reihe nach in der Darstellung voranschreitend bis zum Ende des Psalters. In gut lesbarer langobardischer Schrift. Ein ziemlich umfangreicher Band.« Dass jedoch dieser Kommentar nicht dem Hieronymus zugeschrieben werden kann, zu dieser Ansicht gelangte Muratori, der als erster einige Proben davon herausgegeben hat (antiq. Ital. III, S. 859ff. [L. A. Muratori, Antiquitates Italicae medii aevi, 6 Bde., Mailand 1738–1742; Anm. d. Ü.]), ebenso wie Vallarsi, der Herausgeber der Werke des hl. Hieronymus, der noch mehr über diesen Codex gehandelt hat (in: Praef. ad Appendicem tomi VII, S. XX. XXI [Vorrede zum Anhang des 7. Bandes; Anm. d. Ü.]) und glaubte, der Kommentar sei Columban zuzuschreiben. Und damit stimmt A. Peyron (a. a. O., S. 189) überein, wenn er sagt, der Stil des Kommentars gleiche dem der Werke D. Columbans. Diese Urteile der Gelehrten erscheinen wohl zutreffend, wenn man vergleicht, was über den noch jungen Columban, der unter seinem Lehrer Silen sorgsam Fortschritte in seinen Studien machte, sein Biograf Jonas von Bobbio, ein ungefährer Zeitgenosse, berichtet (Mabill. Acta Bened., saec. 2, 6): »So fest waren im Herzen Columbans die Schätze der göttlichen Schriften verwahrt, dass er, schon im Jugendalter damit beschäftigt, ein Buch über die Psalmen in ausgefeilter Sprache verfasste; auch viele andere Verse verfasste er, die entweder wert sind gesungen zu werden oder aber zum Lehren brauchbar sind.« Dass hier zum einen vom Psalmenkommentar und zum anderen von seinen noch vorhandenen Einzeilern (S. 921. 922) und von Gedichten die Rede ist, ist ganz offensichtlich. Dass von Hieronymus einige Bemerkungen auf den ersten Seiten des Codex vorausgeschickt und ebenfalls mit irischen Glossen versehen wurden, dürfte der Grund gewesen sein, ihm auch den Kommentar, der auf Blatt 14 beginnt, zuzuschreiben.

Eine vollständige Wiedergabe seines Kommentars zum ersten Psalm samt den irischen Glossen folgt im Anhang. Bei der Wiedergabe des lateinischen Textes, den ich nur an glossierten Stellen ausgeschrieben habe, /XXXI/ bin ich, da weder die Leseprobe Muratoris noch die Vallarsis (der vieles höchst fehlerhaft gelesen hat) den Text des Codex sorgfältig genug wiedergeben, meist der doch noch viel klareren Muratoris gefolgt.

»Sehr alt, hochaltertümlich« nennt Muratori (S. 859. 871) den Codex, den A. Peyron folgendermaßen beschreibt (S. 188): »Auf Pergament, 8. Jh.; Schrift langobardisch oder, wie ich meine, sächsisch bis bereits romanisch; Folioformat.« Es handelt sich um eine irische Schriftart, soweit es irische Glossen sind, die jedoch zu Beginn des Werkes mit einer wenig sauberen oder spitzen Feder ausgeführt sind, sodass man sie nur mit Mühe lesen kann; im weiteren Verlauf hingegen ist der Federstrich sauberer. Weder wollte ich allen diesen Glossen nachspüren (manche schienen natürlich von geringerer Wichtigkeit), noch konnte ich es auch, obgleich ich zweimal in Mailand war, um eine Fülle an Glossen auch aus diesem Codex zu bekommen.

Denn mein dortiger Aufenthalt stand unter einem unglücklichen Stern, sowohl beim ersten Mal, als wegen eines italienischen Gelehrtenkongresses die Bibliothek nicht zum Arbeiten, sondern nur zur Besichtigung offen stand,[14] wie auch beim zweiten Mal im August 1846, als eine Typhusepidemie die Stadt befiel und ich mich gezwungen sah, da ich selbst erste Krankheitsanzeichen verspürte, die gesündere Alpenluft aufzusuchen. Konnte ich daher nun nicht wie gewünscht jeder Einzelheit nachgehen, so kann ich doch gar nicht genug die Zuvorkommenheit und das Wohlwollen mir gegenüber sowohl der Bibliotheksleiter wie auch des Grafen von Castiglione, vortrefflichster und hochgelehrter Männer, rühmen. Sollte diesem Buch etwa eine zweite Auflage beschieden sein [sie erfolgte 1871 in Gestalt der von H. Ebel überarbeiteten Fassung; Anm. d. Ü.], werden, wie ich hoffe, weder diese Mailänder Beiträge fehlen noch das, was in Turin aufbewahrt wird und von A. Peyron, dem hochberühmten Mann, gesammelt worden ist (vgl. Cic. fragm. ined., S. 191. 192); denn diese Stadt musste ich, ohne das, weswegen ich sie aufgesucht hatte, erledigen zu können, wieder verlassen.

4. Der **«Codex bibliothecae Carlisruhensis»** [Codex aus der Karlsruher Bibliothek] (No. 83, hier Cr.), ein Buch, das als einstmals dem Kloster Reichenau am /XXXII/ Bodensee gehörig bezeichnet ist: »Handbuch der Berechnung der

14 Soweit es mir damals möglich war, den Codex zu benutzen, habe ich das Gedicht auf der ersten Seite abgeschrieben und einige Glossen, über den ganzen Codex verteilt, wie sie mir gerade begegneten, gesammelt, ohne allerdings die Seiten des Codex dazu zu vermerken; sie erscheinen daher in diesem Werk mit der bloßen Sigle Ml. gekennzeichnet.

12 Tierkreiszeichen und ihrer Abstände. Beda über die Zeitrechnung.« Es bietet bereits viel weniger Material als die zuvor beschriebenen Codices, mehr jedoch als die noch folgenden. Irische Glossen erläutern Bedas Text über die Natur und über Zeitrechnung. Auf S. 18 beginnend, reichen die Glossen ins erste Buch hinein bis 20[b]. Nach einigen Stellen aus Bedas Büchern über Gebärdensprache (Ausg. Basel 1, 165) und über die Berechnung von Unzen (Ausg. Basel 1, 182), die nur nebenbei in Sp. 24[d] und 25[a] berührt werden, folgt im Codex eine fortlaufende Glossierung von Sp. 31[b] bis 45[c], bis ins Buch über die Zeitrechnung hinein, und zwar in recht beträchtlichem Umfang ab Kap. XV (Ausg. Basel 2, 95), doch nach und nach abnehmend in den späteren Kapiteln. Auf den ersten Blättern des Codex gibt es vereinzelte irische Anmerkungen, so in Sp. 4[a] am oberen Rand: *† oengusso †* (Genetiv des Eigennamen Oengus – Zeichen des Schreibers Oengus oder Anzeige seines Todes?) und anderes Derartige in Sp. 17[a]: *August. ιβ ... b db u bás muirchatho m. mailedúin hicluain m. cunois áimdachiarain .x. anno.* Eine umfangreichere Chronologie über den Ausdruck »salva ratione saltus«, die in Sp. 3[b] begegnet, folgt unten im Anhang.

Dass dieser Codex Ende 8. oder Anfang 9. Jahrhundert von einem Iren in Deutschland niedergeschrieben wurde, geht aus diesen chronologischen Anmerkungen auf S. 15[a] hervor:

DCCLXVII karolus ⁊ karolomannus eliguntur in regnum

DCCLXVIIII karolomannus moritur

DCCLXXI karolus in Italiam perrexit

[767: Karl und Karlmann werden zur Königsherrschaft erwählt

769: Karlmann stirbt

771: Karl ist nach Italien gelangt]

Am unteren Rand ist hinzugefügt:

DCCCXIIII .ı. *karolus imp. obiit*

[814: d. i.: Kaiser Karl ist gestorben]

Am oberen Rand die jüngste Bemerkung:

DCCCXVII .ı. *aed rex hiberniœ moritur.*

[817: d. i.: Aed, König von Irland, stirbt]

5. Der **«Codex Prisciani bibliothecae Carlisruhensis»** [Prisciancodex der Karlsruher Bibliothek] (No. 223, bei mir Pr. Cr.); das Buch befand sich ebenfalls früher in Reichenau /XXXIII/ (wie jeweils auf der ersten Seite beider Codices von einer alten Notiz angegeben), bietet Interlinearglossen zu dem Grammatikertext in wesentlich spärlicherem Maße und nur in einem Teil des Codex von Beginn bis Sp. 64[a]; von 64[b] bis 103 taucht weiter keine auf. In einem Teil der Glossen stimmt er mit dem St. Gallener Priscian überein, sodass ersichtlich ist, dass er von diesem abhängig und jüngeren Ursprungs ist; im zweiten Teil jedoch ist er eigenständig und bietet Anmerkungen, die der St. Gallener Codex nicht kennt.

6. Der **«Codex Sancti Galli»** [St. Gallener Codex] No. 1395, der eine Sammlung von Fragmenten aus alten Codices enthält, zusammengetragen von Bibliotheksvorstand Ildefons von Arx; auf Blatt 419 des II. Bandes bietet er irische Anrufungsformeln, die in unserem Werk im Kapitel

über dichterischen Satzbau abgedruckt (S. 926) und mit ›Incant. Sg.‹ bezeichnet sind.

7. Der **«Codex civitatis Camaracensis»** [Codex aus der Stadt Cambrai], Signatur No. 619, in dem sich die Canones des irischen Konzils von 684 befinden; nur an einer Stelle in der Mitte des Buches ist ein Fragment einer irischen Predigt über die Verleugnung bewahrt, das in die lateinischen Sätze eingestreut ist. Sicherheit besteht über das Alter des Codex; denn er schließt mit den Worten: »die mir bravo, bravo! sagen: Ende des Buches der Canones, um dessen Niederschrift Herr Alberich, Bischof der Städte Cambrai und Arras gebeten hat. Dank sei Gott, amen!« Bischof Alberich regierte von 763 bis etwa 790. Die Stelle ist bereits abgedruckt bei Pertz im Werk ›Archiv d. Gesellsch. für ältere deutsche Geschichtskunde‹ Bd. 8, S. 432. 433, wobei jedoch Bethmann, der die Codices von Cambrai im Jahre 1841 untersucht hat, den Codex der Schrift wegen eher für ins 9. Jahrhundert gehörig hält. Nach ihm setzt O'Donovan (Gramm. hibern. [Grammar of the irish language; Anm. d. Ü.], Introd. S. LIII) anhand des von C. P. Cooper, dem Sekretär der Gesellschaft zur Herausgabe der Denkmäler der englischen Geschichte, veröffentlichten Faksimiles, das ich nicht einsehen konnte, den Codex gleichwohl ins achte Jahrhundert. Mir zuhanden ist ein sehr klares Faksimile auf Papier, das ich dem edlen Mone verdanke, dem es Warnkönig angeboten hat, einst Professor für Rechtswissenschaft /XXXIV/ in Löwen, ein Mann, der sich um die Erforschung der belgischen Geschichte hervorragend verdient gemacht hat. Aus

diesem Faksimile ist weiter unten im Anhang die kurze Predigt abgedruckt.

Dass die Gegenden Belgiens und des angrenzenden Frankreichs vielfach stark von Iren bevölkert waren, bestätigen schon Namen wie Fefrus oder Fiacrius, Chillenus, Furseus, Ultanus, Foillanus, die in Lagny bei Paris, Meaux, Péronne, Fosse und Arras weit verbreitet sind, Namen irischer Heiliger, die ebendort von der Mitte des 7. Jahrhunderts an an der Verbreitung und Festigung des Christentums gearbeitet haben (Mabill. Acta Benedict. saec.2,287.573.591), einige Jahrzehnte, nachdem Columban und Gallus mit Gefährten Frankreich, die Schweiz und Italien durchzogen und dabei die Klöster Luxeuil-les-Bains, St. Gallen und Bobbio gegründet hatten, und kurz bevor Kilian mit seinen Gefährten Totman und Colman (ir. *Totmán* von *totm,* S. 267, *Colmán* = *Columbán* von *colum,* S. 752, Namensformen, die den Formen *Totnan* und *Colonat* vorzuziehen sind; vgl. Eckh. Fr. Or. 1, 274, Boll. Jul. 2, 601) nach Würzburg kamen.

Die Sprache all dieser Codices, die entweder ins achte oder ins frühe neunte Jahrhundert zu stellen sind, ist ein und dieselbe, durch feste Formen und Regeln umrissen: das Altirische. Als diese Sprache den Menschen jüngerer Zeit aus alten Büchern, wie Gesetzeswerken und anderen, bekannt wurde, wurde sie nach dem Namen eines älteren Stammes bezeichnet, der damals in Vergessenheit geriet: mit der Benennung *Bérla Fene,* der Sprache der Fenier oder dem fenianischen Dialekt.[15] Hinreichend sicher und offensichtlich ist es, dass dies schon in früher Zeit geschah, als die vier Dialekte der vier Hauptvolksgruppen Irlands sich zu unterscheiden und sich sowohl gegeneinander als auch gegenüber dem Erscheinungsbild der früheren gemeinsamen Sprache abzugrenzen begannen. Lediglich in der Orthografie /XXXV/ lässt sich innerhalb der alten Sprache ein gewisses Schwanken ausmachen, wenn z. B. in Ml. öfters *e* für das aus Wb. gewohnte (aus ursprünglichem *a* entstandene) *ai* oder *i* steht oder in Cr. und in Ml. gelegentlich *ai* für ursprüngliches *i*. Auch im Codex Sg. wird häufiger *ai* geschrieben als *i*, während dieser Codex sonst eine gepflegtere Orthografie aufweist als die übrigen, wenn er z. B. die Schwächung der Laute *f* und *s* durch das Tilgungszeichen [einem übergesetzten Punkt;Anm. d. Ü.] und die Härte der Laute *m, b, d, g* durch Verdoppelung mit der Schreibung *mm, bb, dd, gg* bezeichnet, die bei den übrigen Codices un-

15 In Annal. IV magistr. ist bei O'Con. 3, 461 zum J. 935 erwähnt: *Fin nachta mc. Ceall. comharba Doire esp.* ┐ *saoi berla Fene* (Finnachta, Sohn des Ceallach, Vikar von Derry, Bischof und der Sprache der Fenier kundig) ein berühmter Schriftsteller in seiner Heimatsprache, wie ich glaube. Sonst begegnet der Name bei Dichtern irischer Fabeln, die sich auf ihre Weise Namen und Eigenheiten des irischen Volkes und der irischen Sprache, durch Erfinden von Fabeln, erklärt haben. Bei ihnen wird erzählt (vgl. O'Donov. Introd. S. XXIX und O'Con. 1, Proleg. II, S. LXXXVIII ff.), der König *Fenius* (er wird *Phaenius* geschrieben bei Giraldus Cambrensis, bei anderen *Fenisius* und mit dem Namen der Phönizier in Verbindung gebracht), überaus bewandert in seiner und anderen Sprachen, der zwei gleichermaßen bewanderte Gefährten *Gaedal* und *Iar* (d. i. »Westen«) besessen habe, habe befohlen, dass Gaedal seine Muttersprache in fünf Dialekte aufteile, deren kultiviertester und vollkommenster nach ihm selbst *Berla Fene* genannt werden solle, die übrigen Dialekte aber bzw. die gesamte Volkssprache seien nach Gaedal als *Gaidhelg* (*Gaidelach* bei Girald., gäl. *Gaelig*) zu benennen. Alte irische Gesetze sollen sehr wohlgesetzt im fenianischen Dialekt abgefasst sein. Nach diesem werden dann genannt, vielleicht gemäß einer jüngeren Unterscheidung, ein poetischer, ein für Disputationen gebrauchter, ein naturwissenschaftlicher oder medizinischer sowie der gewöhnliche Dialekt (*B. filed, etarscartha, teibide, gnáthberla*). Die Dialektunterschiede der vier Hauptvolksstämme werden von den Iren selbst in vier Versen angegeben (O'Donov. Introd. LXXII ff.).

gebräuchlich ist, die die Laute mit Einfachbuchstaben oder als Tenues *p (= bb), t (= dd), c (= gg),* entgegen der Etymologie, wiedergeben. Der Gebrauch des grammatischen ›Punctum delens‹ findet sich ausschließlich im Codex Sg. (und auch da findet man es nicht überall, wo es gemäß den Regeln stehen müsste), doch Spuren der verdoppelten Media zur Angabe der Verstärkung erscheinen, wenn auch selten, auch in anderen, z. B. *robbia* (an anderen Stellen *robia, ropia*) Wb. 13[d], *robbatar* Pr. Cr. 60[b], *frigargg* unter einigen irischen Wörtern des in irischer Schrift geschriebenen Codex Bernensis No. 363, der in der größeren Horaz-Ausgabe von Orelli (Zürich 1843, praef. S. 1) dem ausgehenden 8. oder beginnenden 9. Jh. zugeschrieben wird. Es kann also aus der sorgfältigeren Orthografie des Codex Sg. nicht auf ein jüngeres Alter geschlossen werden, sondern man muss bei diesen Unterschieden eher eine unterschiedliche Handhabung der Schreibweise in den verschiedenen /XXXVI/ Schulen oder Klöstern konstatieren. Und wenn jemand sogar behaupten mag, dass zwar der Text des Codex und die zweifelsfrei zugleich mit dem Codex entstandenen Marginalglossen der oben genannten Zeit angehören, die Masse der Glossen aber von Glossatoren erst in jüngerer Zeit hinzugefügt worden sei, so gebe ich für meinen Teil keinesfalls zu, dass die Sprache des Codex Sg. später als 10. Jh. ist. Mit dem 11. Jh. nämlich greift eine jüngere Sprachform Platz, von der keinerlei Spur im Sg. zu finden ist und die vor allem am Schwund der Tenues kenntlich ist, am Wechsel einiger Vokale, namentlich der Diphthonge, und auch schon am Abbau der Flexion bzw. der Endungen; mit dieser Erscheinungsform beginnt die Periode des Mittelirischen bis zur Entstehung der heutigen Sprache. Aus dieser Periode ist in Irland oder auch in England eine größere Zahl Handschriften bewahrt, die entweder dieser selben Zeit angehören und Gegenstände daraus oder Bezüge darauf enthalten oder aber aus älteren Handschriften umgeschrieben sind. Doch ist noch gar nicht im Druck erschienen, was als noch wertvoller zu betrachten ist, z. B. nicht einmal Cormacs Glossar, das älteren Ursprungs ist, abgesehen von den kurzen Abschnitten, die bei O'Reilly und O'Donovan zu lesen sind. Es begegnen bei O'Donovan auch Exzerpte derselben Sprachform aus dem sog. Codex ›*Leabhar Breac*‹, wie jene, die noch Altertümlichkeit erahnen lassen, aber schon auch zugleich die Zerrüttung des edlen Erbes verraten. Nähe zur älteren Sprache zeigt auch noch die Sprache einer irischen Erzählung, die von O'Flanagan unter dem Titel *Deirdri* herausgegeben wurde (S. 937 Anm. 1). Erste Spuren dieser jüngeren Periode weisen Codices des ausgehenden 11. Jh. auf, z. B. der Codex des Chronisten Marianus Scotus, der für älteres *cen chretim* bereits die Schreibung *gen chredem* zeigt – neuir. wäre dies: *gan chreideaṁ-*, auch stets schon *rí, ri* für *ríg*, wie *rí lagen* (›König der Leinster-Leute‹), *ri ulad* (›König der Ulter‹), *ri arad* (›König von Dalriada‹) Pertz 7, 481. 559, und ohne schließendes *e clausenair, clósenair* (vgl. *notire, echaire,* S. 743), /XXXVII/ und der «Codex Claustroneoburgensis» [Klosterneuburger Codex], der damit übereinstimmt durch die Schreibung der Wörter *ralég, gombond, ri, láin* und anderer (vgl. S. 934. 944, Anm.).

DIE BRITANNISCHEN HANDSCHRIFTEN

Es existieren einige kymrische Handschriften, die den aufgelisteten irischen sowohl nach Alter wie auch nach Inhalt vergleichbar sind, da nämlich den älteren Texten Glossen beigefügt sind; aufbewahrt werden sie in Oxford, und in erster Linie ihretwegen hielt ich es für notwendig, auch England aufzusuchen. Hinzu kommen andere Denkmäler der altkymrischen Sprache, die man gefunden hat, wie z. B. im Codex Lichfeldensis und Luxemburgensis, und die auch schon gedruckt vorliegen. Doch werden diese alle bei weitem von den irischen überragt, ob man nun den Umfang in Betracht zieht oder die Gelehrsamkeit und die Schrift, die in einigen unsauber und ungelenk ist, auch wenn die ältere Reinheit und Wucht der kymrischen Sprache an sich durchaus zu verspüren ist. Was es an Gedichten, an Blättern mit Beschreibungen von Grundstücken und Grenzen und an kymrischen Gesetzestexten aus eben dieser, aus älterer oder aus jüngerer Zeit gibt, ist nicht in zeitgenössischen Handschriften, die also in der Zeit geschrieben sind, wo die Denkmäler als solche entstanden sind, erhalten (und nur nach diesen Handschriften sucht ja ein Erforscher der älteren Sprache), sondern findet sich in jüngeren umgeschrieben und umgeformt. Alte bretonische Glossen oder Berichte fehlen gänzlich (außer einer kurzen Grundstücksbeschreibung auf einem Blatte des Jahres 821; vgl. S. 627), doch gibt es Urkundenensammlungen aus Klöstern, die eine Unzahl vor allem männlicher

Personennamen enthalten, auf Blättern, die ab dem 9. Jahrhundert datieren, und sie sind nur zum Teil gedruckt. Es bleibt sehr zu wünschen, dass sie vollständig und ohne Entstellungen veröffentlicht werden. Das älteste kornische Denkmal ist ein Wortverzeichnis ungefähr aus dem 13. Jahrhundert, aufbewahrt in London. In diesem Bereich ist folglich ein noch größerer Mangel festzustellen.

/XXXVIII/ Umfangreichere Denkmäler der drei Dialekte gibt es erst aus etwa derselben Zeit, dem 14. Jahrhundert, sie liegen alle bereits gedruckt vor: kymrische Erzählungen im Roten Codex, eine kornische Passion Christi und eine bretonische Lebensbeschreibung der Hl. Nonita; aus ihnen konnte das, was infolge des Mangels an Denkmälern höheren Alters verloren war, im vorliegenden Werk ergänzt werden. Diese Handschriften bzw. ihre Editionen werde ich gegliedert nach den Dialekten auflisten.

Kymrische Handschriften

1. Der **«Oxoniensis prior»** [älterer Oxforder Codex]: ein Codex der Oxforder Bodleian Library, früher signiert mit NE. D. 2. 19, heute mit Auct. F. 4-32, aus Pergament, kleineren Formats, aus mehreren Codicilli zusammengefügt, bereits von Wanley beschrieben in Catal. ms. anglosax. 2, 63 [gemeint wohl: H. Wanley, Antiquae literaturae septentrionalis liber alter. Seu: Librorum veterum septentrionalium, qui in Angliae bibliothecis extant, ... catalogus historico-criticus, Oxford 1705; Anm. d. Ü.]. Seine Teile, die uns Material bieten, sind folgende:

a. Ein Textstück des Grammatikers Eutych mit kymrischen Interlinearglossen von Sp. 2[b] bis 9[a] zu den Abschnitten I, II und III des ersten Buches (in der Ausgabe Lindemanns [Corpus grammaticorum Latinorum veterum, hrsg. von F. Lindemann, 4 Bde., Leipzig 1831–1840; Anm. d. Ü.] S. 154–166).

b. Der Beginn der Ars amatoria Ovids von Sp. 37[a] bis 45[b], der ebenfalls kymrische Interlinearglossen (zu V. 31–370) enthält.

Dies sind die herausragenden und ältesten Abschnitte; ich hege keinen Zweifel daran, dass sie gleich alt sind wie die ältesten irischen, also vom Ende des 8. oder Anfang des 9. Jahrhunderts stammen. Zu bedauern ist, dass sie nicht reichhaltiger sind.

c. Das Alphabet des Nennius in Sp. 20[a], das die Gestalt der Buchstaben und deren kymrische Namen vorstellt. Ihre Gestalt ist vergleichbar der Gestalt der Buchstaben, die man *coelbren y beirdd* (bardische Buchstaben) nennt, und sie liegen abgedruckt vor (z.B. bei Owen oder in der Zeitschrift »The Cambro-Briton« 1, S. 241 [s. hierzu Anm. 5!]), aber sie unterscheiden sich in ihrer Anordnung und ihrem Lautwert. Wanley sagt, dass sie – nicht mit hinreichender Genauigkeit – bereits seit Langem publiziert sind unter den Briefen Ussers von Armagh (ein Werk, das ich nicht eingesehen habe).

/XXXIX/ d. Einiges über Maße und Gewichte, kymrisch mit Latein vermischt, in Sp. 22[b]. 23[a].

In diesen beiden Teilen gibt es weniger Kymrisches, das in Teil d wegen der verschnörkelten und kleinen Schrift auch kaum zu lesen ist, das aber vom Alter her den oben genannten nicht nachsteht.

2. Der **«Oxoniensis posterior»** [jüngerer Oxforder Codex]: ein Codex aus der Bodleian Library, Signatur früher NE. B. 5. 9, heute Ms. Bodl. 572, aus Pergament, kleineren Formats, der theologische Abhandlungen enthält, in seiner Mitte aber – Sp. 41[b] bis 47[b] – einige lateinische Lektionen, in denen (wie es scheint) den Schulbuben Wortschatz dargeboten werden soll, mit kymrischen Wörtern, die entweder über die lateinischen Vokabeln geschrieben sind oder hinter sie auf der Zeile mit dem bei den Glossatoren gebräuchlichen Zeichen .ı. In Sp. 41[a], die diesen kymrischen Passagen vorangeht, sieht man drei Zeilen mit runischen oder bardischen Zeichen von eigenartiger Gestalt, die sich von den Runen des Nennius ebenso unterscheiden wie von skandinavischen. Auf einen britischen oder kymrischen Schreiber weist der in diesen Lektionen begegnende Satz: *humilibus deus dat gratiam et uictoriam. clades magna facta est et de saxonibus percussi sunt multi de britonibus autem rari* [den Demütigen schenkt Gott seine Gnade und den Sieg. Es kam zu einer großen Niederlage und viele der Sachsen wurden erstochen, aber nur wenige der Briten].

Reicht der Codex auch nicht an das Alter der oben genannten heran, so leuchtet doch aus dem Großteil der Vokabeln, die er bietet, das alte Erscheinungsbild der kymrischen Sprache hervor, das – wie das Erscheinungsbild des Altirischen – die Lenition der Konsonanten nicht zeigt. Sichtbar ist z.B. noch der ursprüngliche Zustand der Tenues und des *m* in den Wörtern *cep* (Hacke), *notuid*

(Nadel), *tarater* (Bohrer), *cemecid* (Steinhaue), *ocet* (Egge), *creman* (Sichel), *guillihim* (Zange) usw. Doch treten auch schon erste Anzeichen der Lenition auf, z. B. in *modreped* (statt *motreped*), vor allem in Komposita: *casgoord* (= *cascord*), *hendat* (*hen-tat*), *gu-bennid* (*guo-pennid*).

3. Der **«Codex ecclesiae Lichfeldensis»** (vormals **«Landavensis»**) [Codex aus der Kirche von Lichfield (vormals aus Llandaff)], der die Evangelien enthält und in dem es an verschiedenen Stellen (z. B. Sp. 9[b]. 10[a]. 71[a]. 109[b]) Anmerkungen über Schenkungen an die Kirche von Llandaff /XL/ aus sehr alter Zeit, nicht jünger als die Glossen im Oxoniensis prior, auf lateinisch gibt, aber mit kymrischen Namen und sogar Sätzen, die bereits Wanley S. 289. 290 veröffentlicht hat. Derselbe erklärt, nachdem er diese Anmerkungen vorgestellt hat, bezüglich des Alters einer davon: »So viel über die Anmerkungen in diesem ob seines Alters ehrwürdigen Codex, die von Waliser Briten niedergeschrieben sind und deren erste von Gelhi, der den Codex der Kirche von Llandaff geschenkt hat, mit fast derselben Handschrift geschrieben ist wie der Codex Bodleianus NE. D. 2. 19, und daher meine ich, sie ist dem Anfang des 9. Jahrhunderts zuzurechnen.« Sieben Anmerkungen aus diesem berühmten Codex Lichfeldensis bietet als Nachdruck der Anhang der Ausgabe des Liber Landavensis (S. 271), der obendrein ein Faksimile der beiden ersten und der beiden letzten Anmerkungen beigegeben ist. Die beiden letzten, die deutlich eine geradezu urwüchsige Altertümlichkeit erkennen lassen – sie beschreiben Gebietsgrenzen und sind fast rein kymrisch

gehalten –, werden von mir anhand dieses Faksimiles unter der Präp. *di* vollständig dargeboten (S. 627).

4. Das **«Folium Luxemburgense»** [Blatt aus Luxemburg]. In der Bibliothek der Stadt Luxemburg fand [Franz Josef] Mone an das Deckblatt irgendeines Codex angeklebt ein Blatt aus dem 9. Jahrhundert mit Glossen, die er abschrieb und veröffentlichte (auf den S. 76. 77 seines Buches mit dem Titel: »Die gallische Sprache [und ihre Brauchbarkeit für die Geschichte]«. Karlsruhe 1851). Diese Glossen sind weder belgischen noch sonst eines anderen (die kymrische Schreibung *v* statt *u*, die Mone in dem Fall, dass es kymrisch wäre, erwarten würde, stammt aus viel jüngerer Zeit, S. 108), sondern britannischen, und zwar genauer kymrischen, Ursprungs, wie nicht nur die völlige Übereinstimmung der Laute und Formen darin und in den Oxforder Codices beweist, sondern auch die ausschließlich dem kymrischen Dialekt eigene Endung *-etic* für das Partizip Präteritum Passiv (S. 528), die in den Wörtern *hantertoetic, dodocetic* auf diesem Blatt begegnet.

Alle Oxforder Glossen habe ich samt diesen luxemburgischen mit einem Kommentar im Anhang des vorliegenden Werkes /XLI/ beigefügt. Dies sind ja die echten alten Denkmäler, erhalten in Codices, die aus derselben Zeit stammen wie das ältere Kymrische. Gäbe es hiervon eine solche Fülle, wie es sie von irischen Glossen gibt, könnte leicht eine Wiederherstellung kymrischer Gedichte in ihrer ursprünglichen, eigentlichen Form erfolgen. Es ist also sehr zu wünschen, dass die Gelehrten solcherlei Glossen, die in Codices auf dem Festland oder den britischen Inseln noch unentdeckt verborgen sein mögen, noch gründlicher nachspüren und, wenn sie sie entdeckt haben, auch publizieren.

Was noch folgt, gehört jedenfalls teilweise in dieselbe Zeit, ist jedoch von jüngeren Schriftstellern in den Sprachzustand ihrer Zeit umgewandelt und umgeschrieben worden. Davon ist an erste Stelle der Liber Landavensis zu setzen, dann folgt noch ein älterer Gesetzescodex.

5. Der **«Liber Landavensis»** [das Buch von Llandaff]. Viel Altes bewahrt er unverändert, während in anderem hinwiederum eine überarbeitende Hand erkennbar ist. Denn der Schreiber, der das Buch zu Beginn des 12. Jahrhunderts bis zum J. 1132 zusammengestellt hat, hat aus einer älteren Handschrift geschöpft, und aus dieser oder auch aus dem Archiv der Kirche zu Llandaff bietet er sehr viele kymrisch geschriebene Grenzbeschreibungen und ebenso kymrisch abgefasste Privilegien des Bistums (Ausg. S. 113). Über diese eigentlichen Sprachdenkmäler hinaus wimmelt das Buch von kymrischen Eigennamen, besonders von Männern und von Orten, die auf Blättern, die in dem Codex seit den Zeiten der ersten Bischöfe der Kirche, Dyfrig, Teilo und Euddogwy, gesammelt sind, begegnen, also von beginnenden 6. Jahrhundert bis zur Zeit, wo der Codex geschrieben wurde. Herausgegeben wurde das Buch auf Betreiben der Welsh Manuscripts' Society, freilich nicht anhand des Codex aus dem 12. Jahrhundert selbst, der in jüngerer Zeit verschwand [mittlerweile ist er wieder aufgetaucht, Anm. d. Ü.], sondern anhand zweier Abschriften, besonders einer, die ein buchstaben- und schriftgetreues Faksimile des Codex sein soll (vgl. die

Einleitung zur Ausgabe S. XXVII. XXXVII). Schon zuvor war einiges in Dugdales Monasticon anglicanum /XLII/ (Savoy 1673, Bd. III, S. 188 ff.) aus dem Codex selbst publiziert worden, das mit der folgenden auf der Abschrift beruhenden Ausgabe trefflich übereinstimmt.

Betitelt ist die Ausgabe: »The Liber Landavensis, *Llyfr Teilo,* or the ancient register of the Cathedral church of Llandaff, from MSS. in the libraries of Hengwrt and of Jesus college, Oxford: with an English translation and explanatory notes, by the Rev. W. J. Rees. Published for the Welsh MSS. society. Llandovery 1840.«

6. Der **«Codex legum Venedotianus»** [Gesetzescodex von Gwynedd], älter als alle anderen Gesetzescodices, die es gibt. Er gehört zur Sammlung von Hengwrt, wird vom Herausgeber Aneurin Owen mit der Sigle A. bezeichnet und scheint im 12. Jahrhundert entstanden zu sein (vgl. das Vorwort der Ausgabe S. X). Mag er sich auch bereits vom älteren Sprachzustand weit fortentwickelt haben, sich dabei aber, im jüngeren noch schwankend, in vielen Bereichen unausgeglichen und wechselhaft zeigen, von daher weniger aussagekräftig sein, wenn aus anderer Quelle Besseres vorliegt, so wurde gleichwohl aus ihm, besonders seinem ersten Teil, nicht Weniges (unter der Sigle Leg.) im vorliegenden Werk geschöpft.

Von den kymrischen Gesetzestexten, deren erste Sammlung dem König Howel dem Guten (kymr. *Hywel Dda,* älter *Higuel* im Chron. cambr. [»Chronicon cambricum«, also »walisische Chronik«; gemeint sind die Annales Cambriae, die Waliser Annalen, eine von einem

Anonymus um das J. 970 verfasste lateinische Chronik der Waliser Geschichte seit dem J. 447; Anm. d. Ü.], das in die Vorrede zur Ausgabe eingefügt ist, zum J. 950: »*Higuel* rex Brittonum obiit« [Higuel, König der Briten, ist gestorben]), zugeschrieben wird, ist auf Betreiben der Gesellschaft zur Veröffentlichung von Denkmälern zur Geschichte Englands, genannt »Record Commission«, eine jüngere Ausgabe [besorgt von A. Owen; Anm. d. Ü.] erschienen mit folgendem Titel: »Ancient Laws and Institutes of Wales; comprising laws supposed to be enacted by Howel the Good, modified by subsequent regulations under the native princes prior to the conquest by Edward the first: and anomalous laws, consisting principally of institutions which by the statute of Ruddlan were admitted to continue in force. With an English translation of the Welsh text. 1841«.

7. Der **«Codex ruber Hergestensis»** [Roter Codex von Hergest, heute meist einfach »Red Book«, »Rotes Buch«, genannt; Anm. d. Ü.] (*Llyfr coch o Hergest*), jetzt in Oxford in der Bibliothek des Jesus College, schlichtweg die hervorragendste unter den Handschriften, /XLIII/ die den mittleren Sprachzustand zwischen dem alten und dem heutigen bewahren; deren feste Norm ist im vorliegenden Werk durch viele, viele Beispiele (unter der Sigle Mab.) untermauert. Die Handschrift wird dem 14. Jahrhundert zugeschrieben von Turner (Vindic. S. 25 [Sh. Turner, A Vindication of the Genuineness of Ancient British Poems of Aneurin, Taliesin, Llywarch Hen and Merdhin, London 1803; Anm. d. Ü.]) und in der Ausgabe selbst (Vorw. S. XVII). [Zeuß kannte noch

nicht die deutlich ältere Handschrift *Llyfr gwyn Rhydderch* (»Weißes Buch des R.«) aus der Mitte des 14. Jahrhunderts, publiziert erst 1907, Anm. d. Ü.]

Die bedeutendsten Erzählungen über die Taten Arthurs und seines Gefolges (*Arthur a'r ford gron,* A.s und der Tafelrunde, Mab. 3, 322) aus diesem so genannten Roten Codex hat die Waliserin Lady *Guest*, eine hochgelehrte und der Literatur dieses Volkes und dieser Zeit vorzüglich kundige Frau, in drei Bänden mit folgendem Titel herausgegeben: »The Mabinogion from the Llyfr coch o Hergest, and other ancient welsh manuscripts, with an english translation and notes. By Lady Charlotte Guest. London 1849.«

Kornische Handschriften

1. Ein älteres dem kornischen Dialekt zuzuweisendes Denkmal, das noch vorhanden ist, ist das Wörterverzeichnis in einem Pergamentcodex der Cotton Library, aufbewahrt in London im British Museum, der mit der Signatur Vesp. A, 14 bezeichnet ist.

Dass dieses Wörterverzeichnis eine ältere Handschrift zur Quelle hat, deren Wortformen allerdings der spätere Abschreiber zum überwiegenden Teil in jüngere umgeformt hat, mag ich gerne glauben, sowohl wegen Stellen, die von dem Abschreiber hie und da frei gelassen wurden, da er das Alte nicht lesen konnte, als auch wegen einiger alter Wortformen, die unangetastet geblieben sind. Doch kann weder der Großteil der grammatischen Formen noch der Codex selbst vor dem 12. Jahrhundert anzusetzen sein. Der Codex ist vielleicht eher noch jünger, da in ihm in folgenden Worten in Sp. 17[a] von der Eroberung Englands durch die Normannen die Rede ist: »Drei ordentlichen Soldaten normannischer Abstammung wurde in gar bösartiger Weise nachgesagt, sie hätten auf Wilhelm, den alten König Englands, nach dem in dem ersten Gefecht gegen die Engländer errungenen Sieg einen Anschlag verübt.« Schon Owen hat ihn dem 12. Jahrhundert zugewiesen (auf S. VIII der Vorrede seines Wörterbuchs in der Ausgabe von 1803, wo das Buch mit dem Wörterverzeichnis – auf Grund einer Verwechselung, wie ich glaube – als Liber Landavensis bezeichnet wird, so wie auch von /XLIV/ Davies, der einige Wörter daraus in seinem Wörterbuch anführt). Daher weiß ich nicht, welche Überlegung so hochgelehrte Männer wie Courson und Villemanqué dazu gebracht hat, in ihren Werken mehrfach zu bekräftigen, der Codex lege eine Datierung in das Jahr 882 nahe.

Auf der Vorderseite des Codex ist zu lesen: »Inhaltsverzeichnis dieses Codex. 1. Kalendarium. 2. Lateinisch-kymrisches Wörterverzeichnis. 3. Die Lage von Brecheniauc [dem heutigen Brecknock; Anm. d. Ü.], wo einiges aus der älteren kymrischen Geschichte zu finden ist. 4. Viten walisischer Heiliger.« Mag hier auch von einem kymrischen Wörterverzeichnis die Rede sein (vor dessen Beginn in Sp. 7[a] des Codex ist von einer Hand aus jüngerer Zeit hinzugefügt: *Vocabula Britannica*), kann es doch keinen Zweifel geben, dass es dem kornischen Dialekt zuzuordnen ist. Das hat bereits Lhuyd in der Vorrede zu der von Pryce herausgegebenen »Archaeologia Cornu-Britannica« durchaus schlagend bewiesen, gestützt auf diese beiden

Hauptargumente: erstens, dass es eine größere Zahl dem kornischen Dialekt eigener, im Kymrischen unbekannter Wörter enthält, zweitens, dass sich auch aus dem Englischen entlehnte Wörter darin befinden, deren Entlehnung nur in England, nirgends sonst, stattfinden konnte, sodass man es keinesfalls für bretonisch ansehen kann. Hinzufügen lässt sich als drittes Argument die im vorliegenden Werk des Öfteren erwähnte und anhand von Beispielen vorgeführte Übereinstimmung in der Orthografie – die allerdings bisweilen eigene Züge trägt –, im Lautstand und in der Formenbildung mit dem folgenden, zweifelsfrei kornischen Sprachdenkmal, in dem ebenfalls eine größere Zahl aus dem Englischen entlehnter Wörter zu lesen ist, die dem Kymrischen gänzlich fremd geblieben sind.

Dieses Wörterverzeichnis, nirgends zuvor vollständig und korrekt abgedruckt (bei Pryce und Courson gibt es viele Auslassungen und Fehler), habe ich aus dem Codex selbst abgeschrieben und habe, was darin zu lesen ist, Wort für Wort im Schlussteil des vorliegenden Werkes angefügt.

2. Ein kornisches Gedicht über die Passion Christi (von mir mit Pass. oder P. bezeichnet), von dem es zwei Handschriften gibt, eine im British Museum, die andere in der Bodleian Library. Es wurde im J. 1682 in die englische Sprache übertragen von einem gelehrten /XLV/ Einwohner Cornwalls, John Keigwin, der zu den letzten genauen Kennern der damals schon im Aussterben begriffenen Sprache gehörte. Sowohl der kornische Text wie auch die englische Übersetzung sind, gleichfalls gestützt auf die beiden Codices, im Jahre 1826 in London erschienen

unter dem Titel: »Mount Calvary, or the history of the passion, death, and resurrection of our Lord and Saviour Jesus Christ. Written in Cornish (as it may be conjectured) some centuries past, interpreted in the english tongue in the year 1682 by John Keigwin, Gent. Edited by Davies Gilbert.«

In einem wenig zuverlässigen Zustand befindet sich der kornische Text dieser Ausgabe, so wenig zuverlässig, dass man kaum wird glauben können, dass darin auch nur eine Korrektur von Druckfehlern erfolgt ist. Von daher war es unumgänglich, vieles daraus Entnommene zu bereinigen (und ich habe darauf nicht eigens hingewiesen, wenn das Wort nicht allzu sehr entstellt war). Dieses Gedicht wäre es gewiss wert, dass eine sauberer und gewissenhafter besorgte Ausgabe davon erfolgte. Es finden sich dort noch ältere Sprachformen als die, die es in der ersten Hälfte des 16. Jahrhunderts – in den von A. Borde (gestorben im J. 1545) gebotenen Leseproben[16] – gibt, in denen bereits die suffigierten Pronomina verschwunden sind und die Präpositionen von den Pronomina getrennt werden, wie z.B. *de vi, de vy* (mir), *de why* (euch), *gena why* (mit euch), während in dem Gedicht im Allgemeinen die Suffigierung durchgeführt ist, wie z.B. *dym, thym, theugh, genough* (S. 384 ff.); darum würde ich mich nicht dagegen wenden, wenn jemand die Abfassung des Gedichts hundert oder sogar

16 In einem Buch mit dem Titel »Introduction to knowledge«; als Nachdruck daraus konnte ich sie lesen in einem Büchlein mit dem Titel: »Specimens of Cornish provincial dialect, collected and arranged by Uncle Jan Treenoodle, with some introductory remarks, and a glossary, by an antiquarian friend, also a selection of songs and other pieces connected with Cornwall. London 1846«, S. 84 ff.

zweihundert Jahre vor diese Zeit, also ins 14. Jahrhundert, hinaufrücken sollte. Wie in dem Wörterverzeichnis, so sind auch in diesem Gedicht aus dem Englischen entlehnte Vokabeln zu lesen: *redye* (lesen, im Wvz. *redior,* Leser, engl. *to read*) des Öfteren, *strevye* (zanken, im Wvz. *strifor,* streitsüchtig, /XLVI/ engl. *to strive,* zanken) 73, 4, *boclers* (engl. *bucklers*) 74, 2, *traytour* (engl. *traitor*) 98, 3, *fas, fase* (engl. *face,* Gesicht) 95, 3. 196, 3, und an anderen Stellen vieles andere, wie *deserye* (*to desire*), *comfortye* (*to comforte*), *receve* (*to receive*), *manner* (*manner*) usw.

Erwähnenswert ist, dass zu einem großen Teil in einem alten Buch, das unter Regie einer englischen Gesellschaft für die Herausgabe von Textdenkmälern 1838 unter dem Titel »The Record of Caernarvon« erschienen ist und dessen Ursprung ins 14. Jahrhundert reicht, dieselbe Orthografie wie in dem kornischen Gedicht befolgt wird, obgleich es kymrische Regionen und Orte auflistet, dass also, wie es scheint, kornische Schreibung von einem kornischen Schreiber angewendet wird, z. B. von S. 1 bis S. 92, wo dann hingegen kymrische Schreibart beginnt, wie *Bleddyn* statt *Blethyn, coch* statt *cogh, bychan* statt *beghan, baghan* (vgl. S. 161. 169. 173). Beide Schreibungen wechseln auch in anderen Abschnitten eben dieser Ausgabe ab, z. B. die kornische von S. 138 an, die kymrische auf S. 257 in einer Urkunde Eduards III.

Bretonische Handschriften

1. An Urkundensammlungen älterer Klöster gibt es das **«Chartularium Rhedonense»** oder richtiger **«Rotonense»** (vgl. S. 105) [Urkundensammlung von

Redon], vortrefflicher als die übrigen und mit einer Fülle von Eigennamen übersät, und das **«Landevenecense»** [Urkundensammlung von Landévennec]. Dass die Zusammenstellung des ersteren aus alten Klosterurkunden im beginnenden 11. oder ausgehenden 10. Jahrhundert angefangen und um das J. 1162 beendet wurde, betont Courson in seinem Werk über die britannischen Völker mit dem Titel: »Histoire des peuples Bretons dans la Gaule et dans les îles britanniques. Paris 1846«, in Band 1, S. 393, Anm. 1, und dass das Landevenecense im beginnenden 11. Jahrhundert geschrieben wurde, meint Dom Morice in seinem Werk mit dem Titel: »Mémoires pour servir de preuves à l'histoire ecclésiastique et civile de Bretagne. Paris 1742« in Bd. I, Sp. 177 (vgl. Cours. 1, S. 422, Anm. 1). Was davon gedruckt vorliegt, findet sich in eben diesen Büchern, bei Courson in den Anhängen zum 1. und 2. Band seines Werkes (bei mir genannt Rhed. 1 bzw. 2) und bei Dom Morice in den Acta /XLVII/ britannica [damit meint Zeuß dann wohl auch einen Abschnitt der »Mémoires«, vermutlich überschrieben mit »Actes bretonnes« o. ä.; Anm. d. Ü.], unter denen auch anderes, Neueres aus anderen Quellen nachzulesen ist, z. B. aus dem «Chartularium Kemperlegiense» [Urkundensammlung von Quimperlé].

2. Die Vita der Hl. Nonna oder Nonita, ein dramatisches Gedicht, erhalten in dem einzigen Papiercodex; er wurde von Marzin, dem Sekretär des Bischofs von Quimper, auf einer Pastoralreise entdeckt und von ihm dem Herausgeber geschenkt.

Herausgegeben wurde dies Gedicht unter dem Titel: »*Buhez santez Nonn,* ou Vie de sainte Nonne et de son fils saint Devy (David). Mystère composé en langue bretonne antérieurement au 12. siècle, publié d'après un manuscrit unique, avec une introduction par l'abbé Sionnet, et accompagné d'une traduction littérale de M. Legonidec et d'un fac-simile du manuscrit. Paris 1837«. Diese Ausgabe wird von mir mit den Buchstaben Buh. bezeichnet.

Der Herausgeber gibt an, dass der Codex spätestens im beginnenden 15. Jahrhundert (Vorwort XXVII) geschrieben worden sei und dass ihm eine viel ältere Zusammenstellung zu Grunde liege, die vor das 12. Jahrhundert zurückreiche. Dem stimme ich allerdings auf Grund sprachlicher Merkmale, die deutlich eine viel jüngere Erscheinungsform aufweisen, nicht zu und würde eher zustimmen, wenn jemand betont, dass sowohl der Codex wie auch die Zusammenstellung so, wie sie jetzt vorliegt, ins 14. Jahrhundert gehören.

So viel über die Handschriften selbst bzw. über die Quellen des vorliegenden Werkes; bei ihrer Benutzung bzw. Wiedergabe habe ich mich vor allem an folgende Regeln gehalten. Beim Zitieren von Wörtern und Beispielen aus den Handschriften bin ich niemals von deren Zeugnis abgewichen und habe alles so wiedergegeben, wie ich es vorgefunden habe, z. B. den Akut [≙ Accent aigu] zur Bezeichnung eines Langvokals in den irischen Handschriften, oder Artikel bzw. Partikeln, die mit anderen Redeteilen verbunden sind, in den irischen und kymrischen Handschriften. Klar das Zeugnis der Handschriften bieten auch lateinische Wörter oder Sätze, denen ich die Abkürzung gl. vorangestellt habe; fehlt diese hingegen, dann ist das Wort bzw. der Satz – in runde Klammern gesetzt – nicht im Codex selbst als Glosse dargeboten, sondern ist meine eigene Übersetzung.

Auch bin ich nicht ohne Weiteres von irgendeiner in der Schreibweise der Codices oder der Ausgaben üblichen Eigenart abgewichen, selbst wenn sie gelegentlich /XLVIII/ grammatischer Analogie zuwiderlief, z. B. darin, dass infigierte Pronomina samt den vorangehenden Partikeln von den folgenden Verben oder Substantiven getrennt geschrieben werden, wie es in den kymrischen Büchern üblich ist. Nur gewissen Erscheinungen, die gegen die reine Anwendung der Grammatikregeln allzu hart verstoßen, wollte ich nicht folgen, wenn z. B. die mit den Pronomina verschmelzenden Formen der Präpositionen oder Verbalformen, die ein einziges Wort bilden, getrennt geschrieben werden, wie es in der Ausgabe des kornischen Passionsgedichtes begegnet, z. B. bei *war netho, y the, y tho, y these* statt *warnetho, ythe, ytho, ythese.* Diese sonderbare Getrenntschreibung begegnet gelegentlich auch in kymrischen Ausgaben, wie in Mab. 1, 19. 249: *o honafi, o honam, o honat,* und in Büchern auf neubretonisch, wie *war-n-oun, war-n-ezhan* statt *warnoun, warnezan* bei den Langformen *ohon* und *warn* bzw. *warnez* der Präpositionen *o* und *war* vor suffigierten Pronomina. Es ist Aufgabe der Grammatik oder des Lexikons, nicht aber des Schreibgebrauchs, den Ursprung dieser Formen wie auch anderes deutlich zu machen, z. B. den Wechsel in Länge oder Färbung von Vokalen, die man in neubretonischen Büchern mit allerlei

Akzentzeichen überfrachtet sieht; diese habe ich bewusst weggelassen, da sie ja in älteren Büchern auch nicht auftreten. Auch kymrische Bücher bieten einen derartigen Akzentgebrauch aus jüngerer Zeit, allerdings nur den Zirkumflex [≙ Accent circonflexe] auf Langvokalen, wie bei *gwîn* (Wein), und des Öfteren auf ursprünglich kurzen und erst in der jüngeren Sprache gedehnten Vokalen, z.B. bei *tân* (Feuer), bei Verben auf *-âu,* bei *hên* (Greis) usw., als ob man deutsch *wêg, gêbe* schriebe beim heute langen *e* an Stelle des ursprünglichen kurzen *e* bzw. *i* in got. *vigs, giba,* ahd. *uueg, gibu.*

Was man bei Marcellus von Bordeaux, beim Grammatiker Virgilius und in der Malbergischen Glosse an Fremdartigem, Unerhörtem oder Unbekanntem zu lesen bekommt, wird man, wenn man es im vorliegenden Werk sucht, nicht finden; denn in alledem habe ich jedenfalls bislang kein Wort Keltisch gefunden und finde auch jetzt noch keines.

Ehe ich aber nun dieses Buch abschließe, habe ich noch dankbaren Herzens des Wohlwollens und der Liebenswürdigkeit /XLIX/ gelehrter und berühmter Männer zu gedenken, die mein Vorhaben und meine Arbeit auf vielerlei Art unterstützt haben: [Moritz] Haupts, der mir nicht nur den Fund eines poetischen irischen Sprachdenkmals freundlicherweise zur Verfügung gestellt hat, sondern auch die Drucklegung des gesamten Werkes mit mir überwacht hat, [Franz Josef] Mones, dem ich ein Faksimile des irischsprachigen Abschnitts des Codex Camaracensis verdanke, und [Thomas] Bucherts, eines

Freundes von Jugendjahren an, der mich auf so mancherlei Dinge trefflich aufmerksam gemacht hat, schließlich auch all derer, die mir zu Hilfe kamen, indem sie mir seltenere und wertvollere handschriftliche oder gedruckte Bücher zur Verfügung gestellt haben.

Bamberg, den 7. August 1853.

So weit der Text von Zeuß' Einleitung zu seiner bahnbrechenden Arbeit. Damit nun noch ein Eindruck gegeben werde, was in diesem mit akribischem Fleiß verfassten Werk im Einzelnen enthalten war, sei hier abschließend das Inhaltsverzeichnis der Erstausgabe wiedergegeben.

INHALTSVERZEICHNIS

ERSTES BUCH. DIE LAUTE

ZWEITES BUCH. NOMEN UND PRONOMEN

DRITTES BUCH. DAS VERB.

VIERTES BUCH. PARTIKELN.

FÜNFTES BUCH. ABLEITUNG UND ZUSAMMENSETZUNG

SECHSTES BUCH. SATZBAU

ANHANG. ANTHOLOGIEN UND LESEPROBEN AUS DEN HANDSCHRIFTEN

NACHTRÄGE UND BERICHTIGUNGEN.

REGISTER.

DANKSAGUNG

Die Arbeit an dieser Übersetzung soll nicht ohne einige Worte des Dankes an die Personen abgeschlossen sein, die zu ihrem Zustandekommen wesentlich beigetragen haben: Danken möchte ich zunächst Herrn Professor Dr. Dr. Hans Hablitzel, der – vor Jahren schon – den Anstoß zu dieser Arbeit gegeben hat.

Danken möchte ich aber auch und ganz besonders meinem verehrten akademischen Lehrer Herrn Professor Dr. Bernhard Forssman, der mich ermuntert hat, diese Aufgabe zu übernehmen, und die Arbeit mit wohlwollendem Interesse, wertvollem fachlichem Rat, fördernder Kritik und vor allem nie versiegender Geduld und behutsamem Insistieren, wenn sie wieder einmal ins Stocken geraten war, begleitet hat.

Mein Dank gilt ferner Herrn Professor Dr. Stefan Zimmer für seine Freundlichkeit, das Geleitwort zu meiner Übersetzung zu verfassen, und auch für noch manch wertvolle ergänzende Hinweise und Korrekturen.

Dank gebührt schließlich dem Verein »1000 Jahre Kronach« unter seinem Vorsitzenden Herrn Manfred Raum für seine Bereitschaft, die Publikation meines Übersetzungswerkes zu übernehmen.

Wolfram Zimek

NACHWORT

Die Herausgabe der Übersetzung der Einleitung zur Grammatica Celtica hat der Verein »1000 Jahre Kronach« gerne übernommen, um die Leistung des im Kronacher Stadtteil Vogtendorf geborenen Johann Kaspar Zeuß, die er mit der Erarbeitung der Grammatica Celtica vollbracht hat, einer breiten Leserschaft nahezubringen.
Herrn Wolfram Zimek danken wir für seinen mit der Übersetzungsarbeit bewiesenen außergewöhnlichen Einsatz für das Werk von Johann Kaspar Zeuß. Wir danken ihm auch für die Betrauung mit der Herausgabe seiner Arbeit und die gute Zusammenarbeit.
Dank gilt für die Gestaltung des Druckwerkes Herrn Stefan Schirmer, der sich um alle dabei auftretenden Probleme intensiv kümmerte. Herrn Prof. Dr. Dr. Hans Hablitzel, Herrn Stefan Wicklein und der Abteilung Handschriften und Alte Drucke der Universitätsbibliothek Würzburg sei für ihre Unterstützung gedankt.
Für die finanzielle Förderung des Projektes danken wir sehr herzlich dem Stiftungsrat der Sparkassenstiftung Kronach.
Wir wünschen der Arbeit eine positive Aufnahme und weite Verbreitung. Für Hinweise und Anmerkungen sind wir stets dankbar.

Kronach, im Mai 2011

Manfred Raum
Vorsitzender des Vereins »1000 Jahre Kronach«

CODEX PAULINUS WIRZIBURGENSIS

5 Seiten (aus insgesamt 36 Blättern) aus der berühmten Würzburger Handschrift (Signatur: M.th.f.12) der Briefe des Apostels Paulus. Der lateinische Text ist mit zahlreichen Glossen (Wort- und Satzübersetzungen und dazugehörigen Erklärungen) in lateinischer und altirischer Sprache versehen, die sich oftmals auf den Paulus-Kommentar des Pelagius (Anfang des 5. Jhs.) berufen. Der Text und der älteste Teil der Erklärungen stammen aus dem 8. Jahrhundert. Die Handschrift ist eines der ältesten und damit wichtigsten Zeugnisse der irischen Sprache. Die beiden anderen großen Glossencorpora (Mailand und Sankt Gallen) sind etwa hundert Jahre später entstanden. Anhand dieser drei Handschriften hat Johann Kaspar Zeuß die altirische Sprache erlernt, ohne deren gründliche Kenntnis er seine vergleichende Grammatica Celtica gar nicht hätte verfassen können. Seine Forschungen und die anderer Gelehrter haben es Rudolf Thurneysen ermöglicht, die Sprachform sämtlicher Glossen in seinem Handbuch des Altirischen 1909 (zweite Auflage: A Grammar of Old Irish 1946) in allen Einzelheiten genau zu beschreiben und grammatisch zu erklären.

Die Scans wurden freundlicherweise durch die Abteilung Handschriften und Alte Drucke der Universitätsbibliothek Würzburg zur Verfügung gestellt.

1

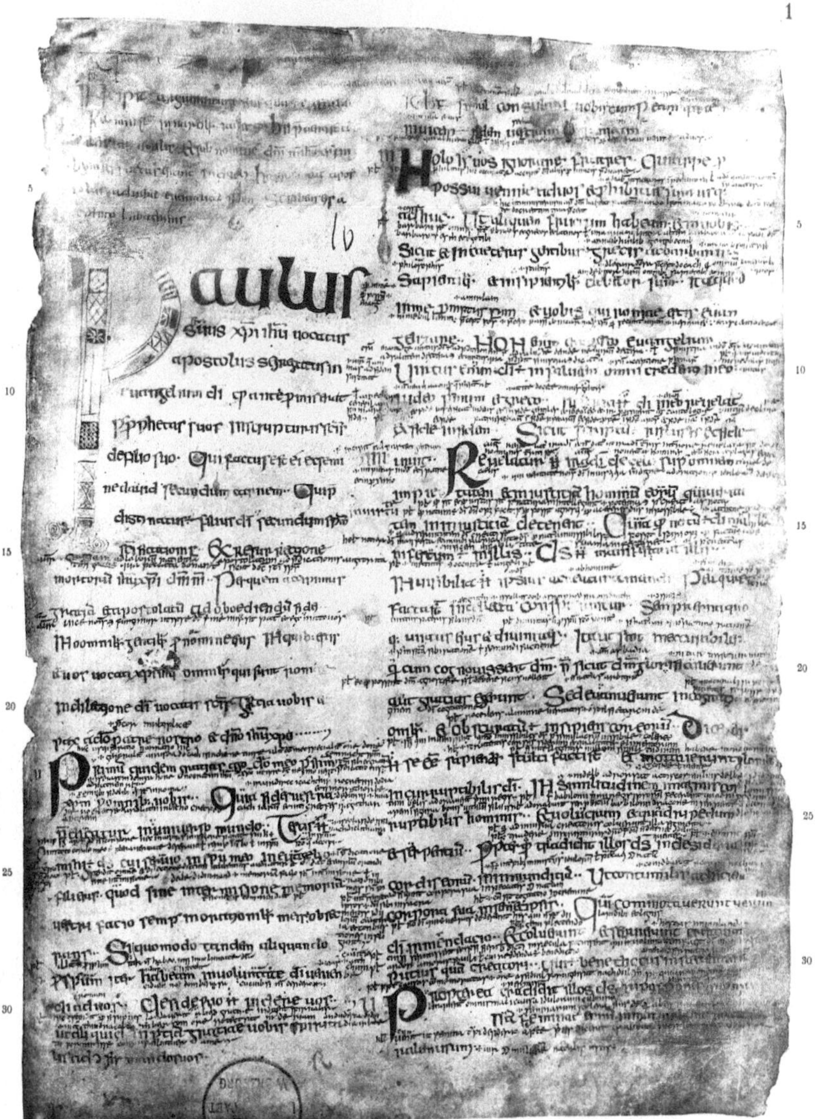

Abbildung 1, Vorderseite von Blatt 1 = Anfang des Römerbriefs

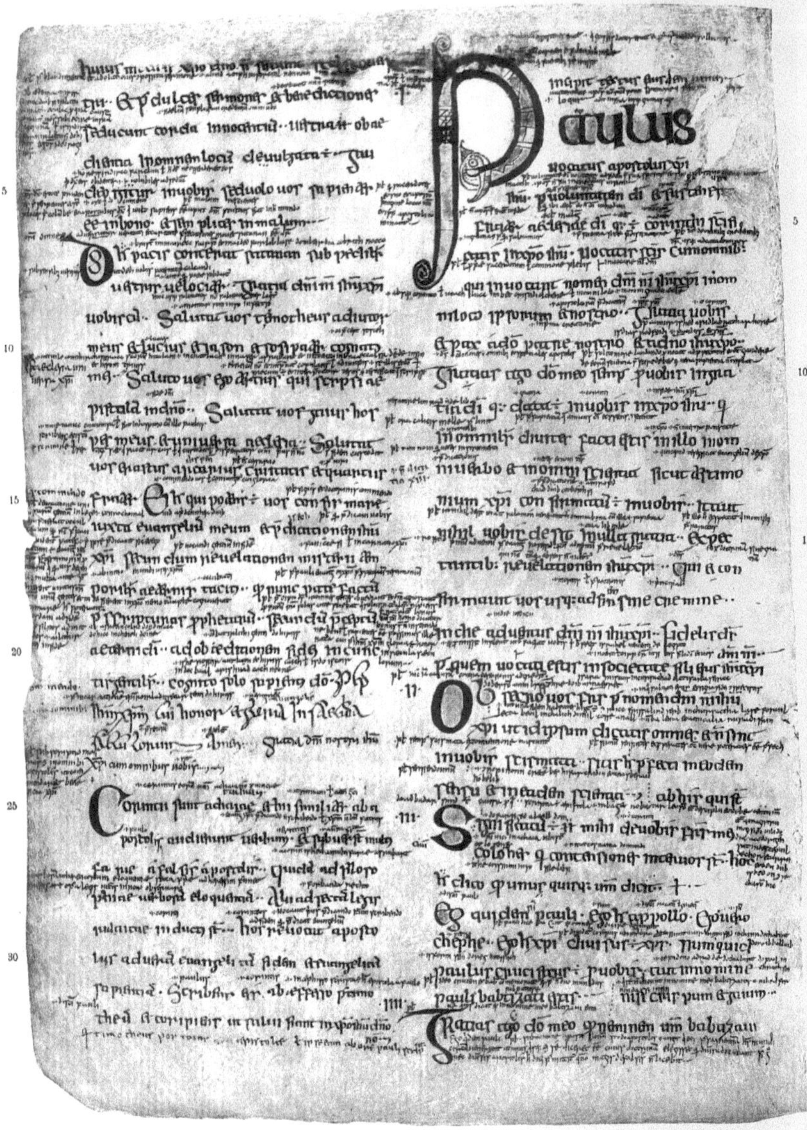

Abbildung 2, Rückseite von Blatt 7 = Schluß des Römerbriefs und Anfang des 1. Briefs an die Korinther

18v

Abbildung 3, Vorderseite von Blatt 14 = Schluß des 1. und Anfang des 2. Briefs an die Korinther

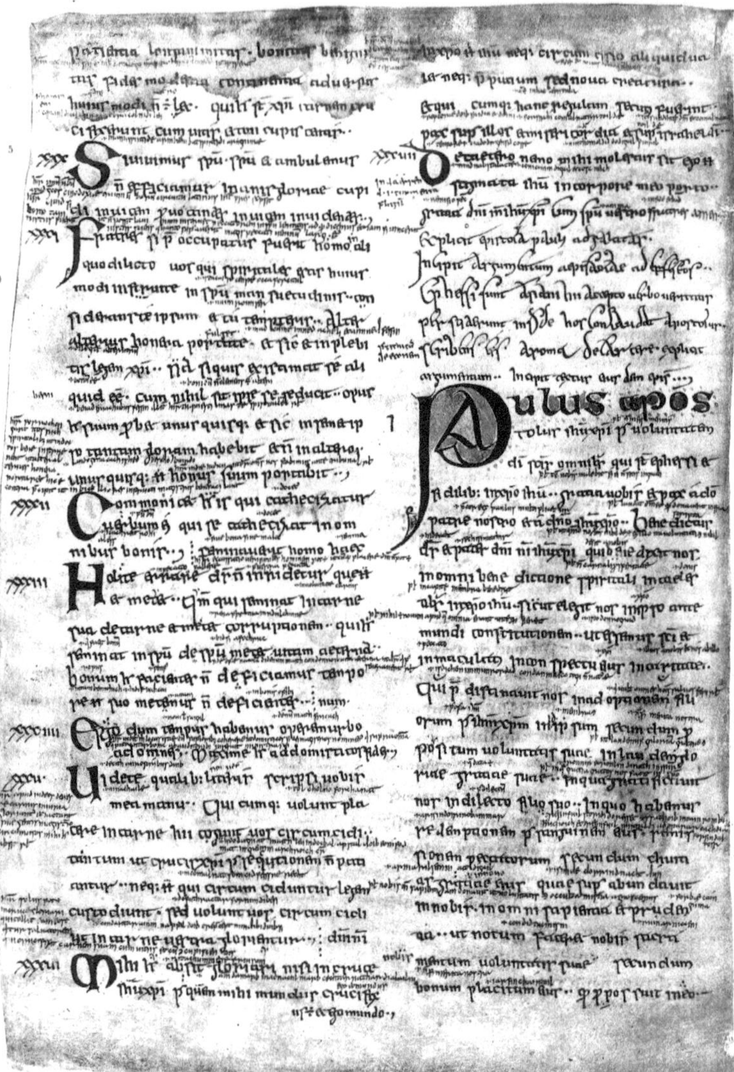

20v

Abbildung 4, Rückseite von Blatt 18 = Anfang des Briefes an die Galater

14

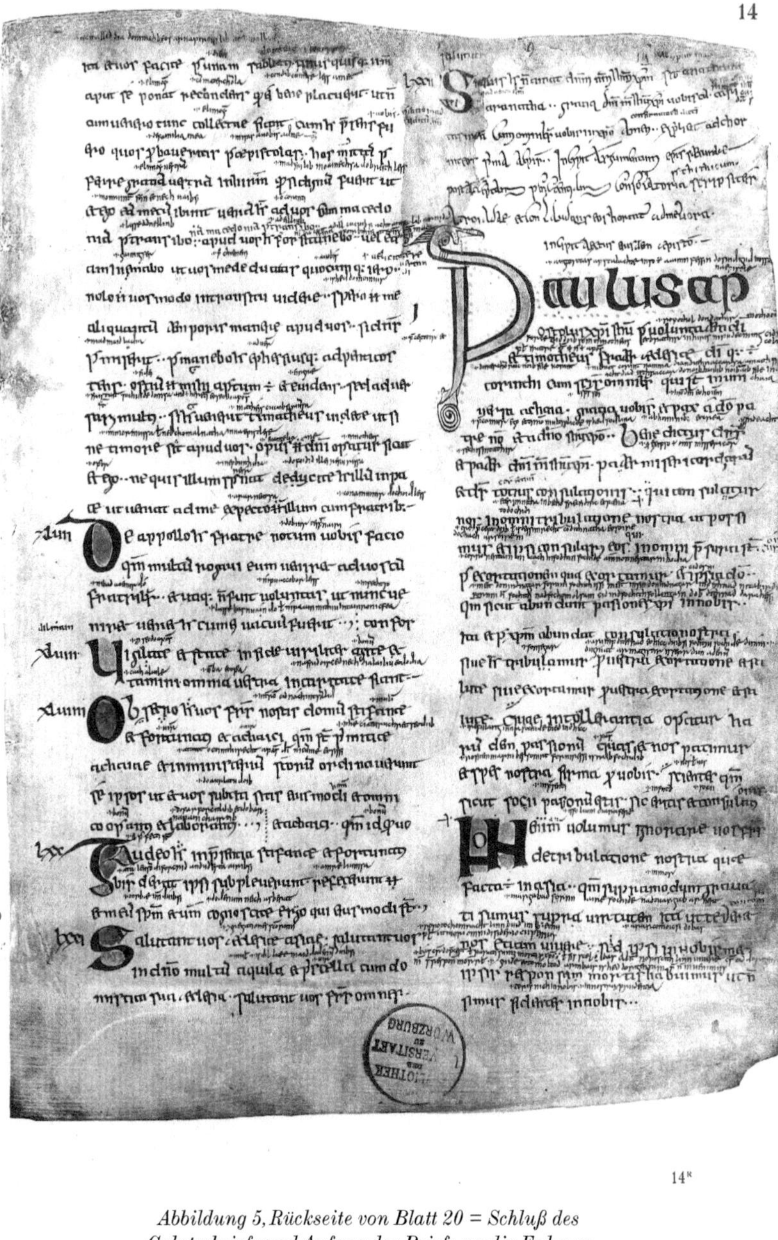

14[R]

Abbildung 5, Rückseite von Blatt 20 = Schluß des Galaterbriefs und Anfang des Briefs an die Epheser.

II. ANHANG

Reproduktion der Einleitung aus der Originalausgabe der Grammatica Celtica.

GRAMMATICA CELTICA.

E MONUMENTIS VETUSTIS

TAM HIBERNICAE LINGUAE

QUAM BRITANNICAE

DIALECTI CAMBRICAE CORNICAE ARMORICAE

NEC NON E GALLICAE PRISCAE RELIQUIIS

CONSTRUXIT

J. C. ZEUSS

PHILOS. DR. HISTOR. PROF.

VOLUMEN PRIMUM.

LIPSIAE

APUD WEIDMANNOS.

MDCCCLIII.

PRAEFATIO.

Linguae, quae inter cognatas linguas ab India per Asiam et Europam dilatatas extrema est in occidente, naturam, varietatem formasque e fundamento monumentorum exstantium vetustorum exponere aggredior. Opera perscrutandae indicae, extremae ejusdem familiae in Asia, qua plurimum lucis linguarum affinium omnium scientiae addiderunt viri docti, si magni semper habenda est, non parvi etiam erit aestimanda opera ea, qua fiat facultas inspiciendi leges linguae nationis fractae illius quidem jam dudum, sed latissime quondam per Europam patentis, cujus linguae rudera ideo non rara sunt jam a vetustis temporibus, atque hodie quoque exstant in aliis recentioribus linguis. Qua opera etiam substruetur fundamentum vocabulorum moli recenti vel adhuc superstiti ejus gentis in linguis hodiernis, hibernica, gaelica, cambrica, armorica.

In linguas nationum majorum vicinarum, germanicae et slavicae, jam inquisitum esse perscrutato eodem fundamento historico monumentorum, nemini gnaro eruditorum recentioris aetatis laborum ignotum est. Nostrae hujus extremae in occidente linguae monumenta vetusta scripta a viris indigenis, ratione non habita nominum servatorum a scriptoribus vetustioribus, graecis et latinis, aetatem quidem non attingunt monumentorum germanicae linguae, incipientium a saeculo quarto, superant tamen haud dubie aetatem monumentorum slavicae linguae. Ejusmodi ex monumentis exstructum est hoc opus.

Ut linguae nationum frequentium et late patentium variant formationibus et dialectis, ita etiam lingua celtica, ut communiter dicitur extrema haec in occidente, varietatem suam explicuit jam ab antiquis temporibus. Quae varietas cognita est jam Caesari dicenti (B. gall. 1, 1), Belgas, Aquitanos, Celtas vel Gallos lingua, institutis, legibus inter se differre, et melius Straboni (lib. 4, p. 176), qui Aquitanos omnino diversos a Gallis et adnumerandos Iberibus, Gallos autem ipsos paulum lingua differre (*μικρὸν παραλλάττοντας ταῖς γλώτταις*) affirmat. Cui si additur, quod asserit Tacitus (Agric. 11), Gallorum et Britannorum sermonem haud multum diversum, statuemus, dialectorum varietatem aliquam exstitisse quidem in lingua Celtarum (Gallorum ab occidentali Sequana et Matrona), Belgarum (ab oriente eorundem fluminum) et Britannorum, non tamen tantam, ut inter hos populos sermonis commercium esse non potuerit. Ex ea aetate servata esse nomina gallica, belgica, britannica virorum, oppidorum, fluviorum, plantarum et pauca etiam vocabula a scriptoribus graecis et latinis, nemini vetustatis gnaro incognitum est. Ex iis varietatem linguae deprehendi posse nemo sperabit.

Varietatem longe majorem monumenta scripta ab indigenis totius gentis, a viris non solum britannicis sed etiam hibernicis, comprobant inde a saeculo octavo vel nono. Libri britannici, tam cambrici quam armorici, jam eo tempore in sonis, qui congruunt cum sonis nominum britannicorum vetustiorum et gallicorum, atque in formis grammaticis tantam differentiam prae se ferunt a sonis et formis scriptorum hibernicorum ejusdem temporis, ut nullo modo statui possit inter Britannos et Hibernos linguae commercium ea aetate, nec ergo etiam aetate multo vetustiore, quamvis utramque dialectum vel linguam (hac voce enim utar consulto ob hanc diversitatem) ex uno fonte ortam esse clare pateat. Poterit affirmari major differentia inter linguam hibernicam et britannicam, quam inter scandicam vetustam vel islandicam et ceteras germanicas dialectos, vix tamen tanta quanta obtinet inter linguam lituanicam vel prussicam vetustam et slavicam.

Gallicam autem linguam priscam, quae post interitum imperii Romanorum et invasionem Francorum sensim cessit novae romanicae ortae in regionibus gallicis, si non fuit eadem cum britannica, huic tamen viciniorem fuisse, quam hibernicae, haec praesertim ostendunt:

1. Congruentia sonorum quorundam, quibus differt hibernica, e. gr. in nominibus gallicis Litana, Litavicus, quae sunt adhuc britannice adj. *litan*, subst. *litau*, sed hibernice *lethan*, *letha*, quae inprimis animadvertitur in vocibus gallicis et britannicis, e. gr. in Petuaria, petorritum, pempedula, Penninus deus, Penninum jugum, Epona, Eporedici, Epomanduodurum, convenientibus cum cambricis *petuar* (quatuor), *pimp* (quinque), *penn* (caput), *ep* in deriv. *epaul*, *ebaul* (pullus), dum hibernice est *c*, *ch* pro *p* in iisdem, ut *cethir* (quatuor), *cóic* (quinque), *cenn* (caput), *ech* (equus). Non concedo differentiam gallicae linguae a britannica et congruentiam cum hibernica in particula *su*- in compositis Suessiones, Suanetes, cum eadem vox sit hibernice *su*-, *so*-, britannice autem *ho*-, *he*-, *hy*-. Hanc enim *h* pro *s* esse serioris originis atque *s* primitivam obtinuisse apud Britannos adhuc Romanorum aetate, docet nomen fluvii *Sabrina*. quod posteriores Britanni et hodierni proferunt *Hafren* (p. 144), ut nomen populi brit. *Σελγοοῦαι* apud Ptol. servat etiam *s* pro *h* hodierni subst. brit. *hel*, *helg* (hibern. *selg*, ve-

natio). Vetustissima autem est haud dubie differentia sonorum *p* et *c*, et obtinet in diversis linguis antiquitus, e. gr. in lat. *quatuor*, lituan. *keturas*, et germ. *fidvor* (= *petuar*), lat. *quinque* (= *cince*), hibern. *cóic*, et germ. *fimf* (= *pimp.*).

2. Sonorum eadem progressio in lingua britannica atque in gallica etiam romanica, operante amplius linguae gallicae ingenio, quam progressionem nescit lingua hibernica, e. gr. transeuntem *v* vel *w* in *gu*, *gw* britannice et in vocibus gallicis romanicis, quae hibernice fit *f*, item praemissam cambrice *i*, *y*, *e*, ut *e* gallice ante conjunctas *sp*, *st*, *sc*. Destitutio mediarum, excussa praesertim *g*, in Galliae romanicis monumentis medii aevi aeque vetusta est atque in britannicis, tenuium adeo destitutionis exempla romanica gallica vetustiora sunt quam britannica. Prolata haec videsis in mediis et tenuibus britannicis (p. 166. 167. 185. 186).

3. Terminationes quaedam propriae linguae britannicae, et quas ignorat hibernica, apparentes in vocibus gallicis vetustis, e. gr. *-en* vel *-on* nota singularitatis in nominibus plantarum *γελασονέν*, *σκοβιήν*, titumen, betilolen (p. 301), et in nomine loci gallici Aballon (Aballone abl. in Itin., cambr. vet. *aballen*, *auallen*, hod. *afallen*, malus, arbor, p. 788), *-et* terminatio numeri pluralis (p. 297. 299) in nomine germanico ex ore gallico audito a Caesare Usipetes, quod aliis scriptoribus sine terminatione gallica est Usipi, Usipii, eodem modo ut apud Plinium (3, 20) sunt juxta Sarunetes etiam Vennonetes, qui Ptolemaeo vocantur *Οὐέννονες*.

4. Voces quaedam in nominibus gallicis vetustis et britannicis, quae desunt in hibernica lingua. Prae aliis nominanda est particula inseparabilis *gwer-*, *gur-*, *gor-* usitata etiam in hodierna lingua cambrica, frequens in nominibus propriis virorum compositis britannicis medii

aevi, cambricis et armoricis, ut in nominibus vetustis gallicis et britannicis, e. gr. Vercingetorix, vertragus, Vernemetum, Vertigernus etc. (cf. p. 151. 153 et 829), cujus particulae intensivae in lingua hibernica nullum vestigium mihi obvium est. Porro aliae quaedam voces: *anau* (cambr. hod. *anaw* masc., forma, harmonia, poësis), quae obvia est in nominibus frequentibus virorum vel feminarum cambricis et armoricis libri Landavensis vel chartularii Rhedonensis compositis, ut *Anaugen*, *Anauued*, *Anauweten*, *Anauworet*, *Rianau*, *Dreanau*, *Balanau* etc. (p. 150. 153), quae obvia est etiam tam derivata quam nuda item in nominibus cambr. *Anauoc* Lib. Land. 156, armor. *Anau* Rhed. 1, 48. D. Mor. 272, quae vox jam apparet item nuda in nomine oppidi ad Danubium *Ἄνανον* (ultimi Germaniae circa fines Pannoniae, ubi sine dubio gallici populi consederant) apud Ptolemaeum, et in nomine feminae Anauonia in inscriptione apud Stein. 985, derivato ut alia nomina propria in -onius, onia (p. 736). Frequens est etiam vocabulum *cun* in nominibus britannicis Cunobilinus, Cunotamus, Cunomaglus, Maglocunus, ut in gallicis *Ἀρκύνια ὄρη* ap. Aristot., Hercynia silva, Hercuniates (populus Pannoniae) ap. Plin. (de quibus videsis p. 109. 121); haud dubie non differt cambr. hod. *cwn* (summitas, altitudo, in compositis adj. altus), ex quo compos. et deriv. *erchyniad* (elevatio) et deriv. *cwnwg* (summitas, culmen). Hibern. vet. *cnocc* (gl. gibber, gl. ulcus) Sg. 22[a]. 23[b]. Pr. Cr. 9[a] eodem modo ad brit. *cunuc* referendum est, ut hibern. *gníu*, *dognítu* (facio) ad cambr. hod. *gwna*, *gwneuthur*, et fere videtur transsumtum, cum non ex aliis hibernicis vocibus cognita sit eadem radix et servetur *c* dura finalis, ut in *sebocc* (gl. capus) Sg. 105[b], cujus forma eadem deprehenditur, non *seboch* secundum regulam juxta cambr. vet. *hebauc* (p. 816), hod. *hebog*. Caratacus nomen viri gallicum in inscriptione obvium (ap. Grut. 902, 5) in eadem pene forma est nomen viri britannicum vulgatissimum, in vetustiore *Caratauc*, in recentiore *Caradoc, Caradog*, dum nonnisi semel mihi occurrit hibernicum *Carthach* (p. 83).

Duae sunt itaque varietates celticae linguae praecipuae. Est una hibernica, ex qua propagatae sunt linguae adhuc exstantes hujus generis, in Hibernia ipsa hibernica hodierna, et in Britannia in montibus, quos dicunt scoticos, gaelica (i. e. gaedelica,* ut Hiberni

* Tres filii Usnechi in vetusta hibernica narratione de eorum interitu dicuntur *trí coinnle gaisged nan gaedal* (tria lumina valoris Gaedalorum) ed. O'Flan. p. 20. 78. In ea narratione scriptio *ae* obtinet non solum pro vetustiore *ái*, e. gr. in *aes* (aetas, vet. *áis, áes*, interdum *óes*), sed etiam pro *ói*, e. gr. in *aen* (unus, vet. *óen, óin*, nunquam *áen*), ita ut colligi possit vetustior forma nominis aut *gáidal* aut *góidal.* Utraque scriptio alternat in Annal. Inisfal. ap. O'Con. 2, 50. 51 : *fir nerend eter gullu* 7 *gaedelu, fir nerend eter gullu* 7 *goedelu* (viri Hiberniae tam alienigenae quam Gaedeli), et p. 75 : *Murchad ri gall* 7 *goedel in Athcliath* (M. rex alienigenarum et Gaedelorum Dublinii). Item jam in vetustioribus codicibus, in Gloss. Corm. et Leab. Br.: *do gaedelu, o goedelu* (*-u* pro *-ib?*) ap. O'Donov. p. 123. 219. Sed *ai* scriptio occurrit apud Giraldum Cambrensem (ap. Camd. p. 737): "dicti sunt *Gaideli*, dicti sunt et Scoti", "hibernica lingua quae et *Gaidelach* dicitur". Ex *ae* illa scriptione jam recentiore facta hodierna *ao* vel *aoi*, ut in *aon* (unus), *aois* (aetas), apparet in hod. *gaoidheal* (Hibernus), *gaoidhilg* (lingua hibernica). Peculiaris est forma obvia in Ann. IV. magistr.: *gaoind* 7 *goill* (Gaideli et alienigenae) O'Con. 3, 761, gen. *nan gaoind* 754. 824, dat. *gaoindaibh* 348. 809, et ita in aliis quibusdam locis, dum in aliis iterum solita forma obtinet. In hymno in S. Patricium Hiberniae incolae significantur adhuc Scotorum nomine: *pridchis do scotuib* (praedicavit Scotis) dist. 18, cum *t* servata ob duplicem pronuntiationem, ut in *crot, crottichther* (cithara, citharizatur, p. 77), plur. *cruitedha* (crottae, harpae) Deirdr. p. 16. Si confertur cambr. *ysgwth* (p. 174) et hibern. *gaoth* (impetus?), quod supponitur in Cormaci gloss. sub v. *gaodheal* ap. O'R., et a quo vix differt subst. vet. *gáid, gáith* (ventus, p. 316), utriusque nominis significatio eadem videtur fuisse, i. e. inquieti, impetuosi (cf. nomina populorum gallica Gabali = *gafal*, ap. Corm. synon. cum *gaodheal*, et Cavares, cambr. *cawr*, gigas). Etiam tertium nomen vetustum gentis hibernicae *Feni*, e quo Phaenius, Fenisius, vetustus heros, ortum sumsit, et vetusta lingua dialectus feniana vel phaeniana dicebatur, legitur in hymno in S. Patricium, dist. 20 : *pridchis tri fichte bliadna croich crist dothuathib fene.* "Praedicavit, Patricius, ter viginti annos crucem Christi populis Feniorum." Duo haec nomina gentis obsolescentia in Hibernia, dum perman-

ipsi suam linguam appellant, media excussa), quae quamvis tuta in altis alpibus vetustiora monumenta non servavit, attamen in vetusta hibernica fundamentum habet. Altera est britannica lingua, cui proximam gallicam priscam fuisse demonstratum est, et a qua propagatae sunt cambrica, cornica, armorica, quae omnes possident monumenta plus vel minus vetusta, vivae et hodie in ore populi, scriptis et carminibus, excepta cornica, quae jam praeterlapso saeculo etiam in vicis regionis Cornubiae audiri desiit.*

Harum linguarum, ut exstant hodie, unaquaeque suos cultores et descriptores invenit, qui interdum etiam vetustiorum monumentorum rationem habuerunt. Hibernica e. gr., post Mac Curtin ("The elements of the irish language. Lovain 1728"), O'Brien ("A practical grammar of the irish language. Dublin 1809") aliosque, praecipuum O'Donovanum, cujus liber inscriptus est: "A grammar of the irish language, published for the use of the senior classes in the college of St. Columba. Dublin 1845." Vocabulorum ejus linguae non solum hodiernae copiam sed etiam saepius e vetustis monumentis collectam offert lexicon: "An irish-english dictionary. To which is annexed a compendious irish grammar. By Edward O'Reilly. Dublin 1821."

---

sit illud primum, occurrunt in codice hibernico Stow. 4. ap. O'Con. 1, Proleg. II, p. XCVI in dictionibus repetitis *clan na Scot*, *clann na Fened* (filii Scotorum, Venedorum), quibus primi in Hibernia advenae significantur. Haec forma *Fened* si recta est (alias *Fene*, *Feine* legitur duntaxat), cum cambr. *Gwynedd*, *Venedotia*, conferenda est.

* Jam per saeculum decimum septimum desiit esse communis lingua, usitata tantum in paucis quibusdam et remotis locis. Dicitur tamen hujus populi ultima cornicae linguae gnara *Dolly Pentreath*, Dorothea P., quae obiit a. 1778 nata annos 102 (Cf. libros inscriptos: "Specimens of cornish provincial dialect, by Uncle Jan Treenoodle. Lond. 1846", p. 1—4, et "The Circle or historical survey of sixty parishes and towns in Cornwall. Helston 1819", p. 195).

Gaelicae linguae praestantius ejusmodi opus est hocce: "Dictionarium scoto-celticum: A dictionary of the gaelic language. Compiled and published under the direction of the Highland society of Scotland. In two volumes. Gaelic, english and latin. Edinburgh 1828." Praemissa est priori parti epitome grammaticae Stewarti, cujus secunda editio prodiit sub titulo: "Elements of gaelic grammar. Edinb. 1812." Amplum etiam opus eandem linguam tractans est: "A gaelic dictionary, in two parts: I. Gaelic and english, II. English and gaelic. To which is prefixed a new gaelic grammar. By R. A. Armstrong. London 1825," compendiosius hoc: "A dictionary of the gaelic language in two parts, I. Gaelic and english, II. English and gaelic. By Norman Macleod and Daniel Dewar. London 1845." Gaelicae propior sed magis corrupta quam ea et hibernica est dialectus insulae Monae, quam ostendit liber nunc rarus: "A practical grammar of the ancient Gaelic or language of the isle of Man, usually called Manks. By John Kelly. London 1803."

Cambrica lingua hodierna primum lexicographum et grammaticum habuit Davies, e Venedotia oriundum, cujus lexicon inscriptum est: "Antiquae linguae britannicae dictionarium duplex. Londinii 1632." Grammatica, in hoc opere saepius memorata, quae primum prodiit a. 1621, typis iterum impressa est Oxoniae a. 1809, inscripta: "Antiquae linguae britannicae, nunc communiter dictae cambro-britannicae, a suis cymraecae vel cambricae, ab aliis wallicae, rudimenta." Antiquam linguam existimavit, sed antiquas formas linguae minus curavit. Vetustorum monumentorum diligentior investigator primus exstitit Llwydius, e Cardiganiana Cambriae regione oriundus, qui operis sui inscripti "Archaeologia britannica" parte tantum expleta immatura morte (a. 1709) obiit. Hoc denique saeculo praeminet lexici et grammatices auctor W. Owen, cujus opera prodierunt primum a. 1803 Londinii: "A grammar of the welsh language", "A dictionary of the welsh language". Recentior editio "A dictionary of the welsh language. The second edition by W. Owen Pughe. Denbigh 1832" pro *z* et *v* prioris solitam scriptionem *dd* et *f* reduxit. Novissimum opus: "A dictionary of the welsh language. To which is prefixed a grammar of the welsh language. By William Spurrell, Carmarthen 1848" compendiosius est, quod comitem aliquantum ampliorem et majoris aestimandam habet partem anglico-cambricam: "An english-welsh pronouncing dictionary. Carmarthen 1850."

Formas linguae cornicae emorientis proponit opus inscriptum: "Archaeologia cornu-britannica, or an Essay to preserve the ancient cornish language, containing the rudiments of that dialect in a cornish grammar and cornish-english vocabulary. By William Pryce, M. D. of Redruth, Cornwall. Sherborne 1790."

Armorica lingua hodierna post Lepelleterii studia, cujus opus inscriptum est: "Dictionnaire de la langue bretonne, par Dom Louis Le Pelletier, religieux Bénédictin. Paris 1752", cultorem praecipuum invenit Legonidecum. Operum ejus editio novissima haec est: "Dictionnaire français-breton de Le Gonidec, enrichi d'additions et d'un essai sur l'histoire de la langue bretonne. Par Th. Hersart de la Villemarqué. Saint-Brieuc 1847", et "Dictionnaire breton-français de Le Gonidec, précédé de sa grammaire bretonne, et enrichi d'un avant-propos, d'additions et de mots gallois et gaëls correspondants au Breton. Par Th. Hersart de la Villemarqué. Saint-Brieuc 1850." Citatur in nostro opere aliquoties grammatica ejusdem linguae, quae prodiit Pragae 1800 sub titulo: "Grammatica latino-celtica, doctis ac scientiarum appetentibus viris composita ab Alano Dumoulin presbytero."

Hibernica lingua, extrema et ultima omnium linguarum Europae et Asiae a primordio affinium, ut Thule insula est ultima Europae,* in inquisitionibus hujus operis, quae id quaerunt praesertim, quae fuerint primitivae et communes celticae formae et quomodo ex eis prodierit recentior varietas, primum locum sibi vindicat primamque diligentiam, non solum ob majorem formarum ubertatem linguae ipsius, sed etiam ob copiosiora monumenta servata in codicibus vetustis hibernicis, a quibus longe superantur tam numero quam contentorum copia britannici codices ejusdem aetatis vel potius cambrici, qui scilicet soli aetatem hibernicorum attingunt. Hos ergo codices, ex quibus hic liber crevit, hibernicos et britannicos, et horum cambricos tam vetustos quam cum cornicis et armoricis recentiores, singulos producere et describere (omissis tamen, quae nos minus tangunt, e. gr. forma, quae major est fere in omnibus, habitu externo etc.) praecipuum hujus prooemii argumentum est.

---

* Etiam ultimam Thulen saeculo adhuc nono usque ad occupationem Nordmannorum habitatam fuisse ab Hibernis, docet *Ari Fródi*, historicus Islandiae, in libro suo inscripto *Islendíngabók*, c. 1: *Island bygdhisk fyrst úr Norvegi á dögum Haralds ens Hárfagra*, .. 8 *hundrudh ok* 70 *vetrum eptir burdh Krists.... Thá voru hèr menn kristnir, their er Nordhmenn kalla papa, en their fóru sídhan á braut, af thví at their vildu eigi vesa hèr vidh heidhna menn, ok lètu eptir bækr irskar ok biöllur ok bagla. Af thví mátti skilja at their voru menn irskir* (Islandia inculta est primum ex Norvegia diebus Haraldi Harfagri, annis 870 praeterlapsis post Christum natum. Fuerunt ibi viri christiani, quos Nordmanni dicunt papas [presbyteros], et hi abierunt inde, quia noluerunt manere ibi cum viris paganis, et reliquerunt libros hibernicos et tintinnabula et virgas episcopales, unde poterit colligi quod ipsi fuerunt viri hibernici). Dignus est qui notetur ad haec locus Plinii (4, 16): "sunt qui et alias insulas prodant, Scandiam, Dumnam, Bergos, maximamque omnium Nerigon, ex qua in Thulen navigetur". Equidem ut *Bergion* etiam *Nerigon*, ortum corruptione ex eodem, nomen vetustum Hiberniae, et ut *Albion* ab incolis ipsis insularum britannicarum profectum conjeci in libro meo de Germanis gentibusque vicinis (p. 194. 195).

CODICES HIBERNICI.

Hibernici codices vetustae linguae monumenta servantes in copiosis praesertim glossis, interlinearibus plurimum, saepius etiam marginalibus, in terra continente exstant plures a monachis scripti Hibernis vel, ut tum temporis dicebantur, Scotis, jam a saeculo sexto per Europam continentem ad propagandam fidem christianam dispersis. Codices servati aevo Carlingico orti sunt, aut allati ex Hibernia, aut etiam scripti in monasteriis terrae continentis a monachis ejus gentis literis hibernicis, quae alias dicuntur etiam anglosaxonicae. Qui in manibus meis fuerunt, servati in continente, hi sunt.

1. Codex Prisciani Sancti Galli (n. 904, in hoc opere designatus Sg.), magnam glossarum molem praebens, quibus refertus est ab initio usque ad paginae 222 columnam secundam (222ᵇ), vel usque ad finem libri decimi quarti Prisciani, a qua usque ad ultimam paginam 249 rariores fiunt glossae. Discerni in hoc codice possunt tres glossatorum manus, una generalis per totum codicem, diligens et clara, in paucis tantum columnis locum praebens alteri manui (in 65ᵇ. 66ᵃ. 66ᵇ. 67ᵃ. 67ᵇ); tertia manus hic vel illic per codicem quasdam adspersit glossulas.

Glossae ut in aliis codicibus sunt aut interlineares aut marginales Marginalium notatu dignae sunt quaedam tam latinae quam hibernicae, quae non ad textum Prisciani pertinent, sed varias res de scriptione codicis, tem porevel aliis, quae scriptori in mentem veniunt, notant, e. gr. latinae quaedam, 157ᵃ: *hvcvsq. caluus patricii depinxit.** 209ᵇ. 210ᵃ: *svde qui legat* (sic) *difficilis est ista*

* Sequitur inde alia manus textus (non glossarum, in quibus pergit generalis manus) usque ad 194ᵇ, ubi suprascribitur supra paginam *donngus*, quod nomen *dongus* legitur etiam in 207ᵃ, scriptoris, ut videtur, ut *Calvus*

pagina. 212[b] : *tertia hora*. 228[b] : *tempus est prandii*. In pluribus locis occurrunt invocationes dei, Christi vel sanctorum hiberniçorum: *auctor adiuua lucis æternæ* 208. *sca. trini*. 177. *faue xpe. adiuua xpe*. 231. 241. *in noe. almi pi*. (utraque litera cum linea perducta vel supraducta, *patricii*) 218. *pe. adiuua. faue pe*. (utraque litera cum linea) 174. 181. *sca. brigita adiuua scriptorem istius artis* 192. *sca. brigita ora pro nobis* 184. *faue brigita* 191[a]. *brigita adiuua* 206[b]. *in noe. sci. diormitii* 221. *scs. diormitius oret pro nobis* 222.

Inter glossas ejusmodi marginales hibernicas praecipue notandae sunt sequentes factae scriptura ogamica: *fel martaen* (festum Martini) 70. *cocart* (corrige!) 193[a]. 194[b]. *cocart inso* (corrige hoc! cf. Sg. 90[a]: *ol ascocarti*, gl. quod sit emendandum) 196[a]. *latheirt* (eadem glossa etiam 189[a] latinis literis scripta, significans, ut videtur, apud tertiam, idem quod glossa latina 212[b] *tertia hora*) 204[b]. In paginae 170 margine superiore scripturae ogamicae pars decisa est a bibliopego. Figurae ergo vel potius lineae ogamicae, non diversae ab iis quae notantur a grammaticis hibernicis, e. gr. ap. O'Donov. introd.

Patricii. Est enim hoc nomen latine redditum hibern. *Máelpátric*, conveniens monacho, ut in his marginalibus etiam obvium *Máelbrigte*, i. e. Calvus Brigitae, e *brigte* gen. a *brigit*, et *máel*, *moel*, hod. *maol*, calvus (cf. tamen cambr. *mail*, servus, p. 121). Occurrunt haec nomina, usitata virorum apud Hibernos, in scriptoribus editis ab O'Con.: *Maelpatraic* 3, 421. *Maolpadraicc* 3, 363. 393. *Mælbrigte* 1, Proleg. II, p. CXLIII. *Maoilbricede* 3, 394. Fuit *Moelbrigte* etiam nomen hibernicum Mariani Scoti inclusi, ut patet ex primis literis singularum vocum versuum, quibus chronicon suum finivit, collectis (Pertz. 7, p. 484 not. 19, et p. 560): *Moelbrigte clausenair romtinol* (M. inclusus me collegit), et ex adnotationibus duabus in ejus codice, quibus scriptor ejus Scotus eum alloquitur: *a mélbrigte clúsenair* (o M. incluse!), quae integrae mox infra proferentur. Composita cum *mail, mael, moel, moil* nomina virorum sunt praeterea plurima, e. gr. inter nomina regum hibernicorum ejusdem codicis (ap. Pertz. p. 556) *Túathal Mailgarb, Maelsechnaell, Flann mac Moilsechnaill*, vel in aliis locis (p. 556. 558. 560) *Moelcoluim, Murchad oa Moelnambo*, aliaque etiam apud O'Con. obvia.

XLVII, in usu jam in hoc vetusto codice, quidni etiam inde a longinquis temporibus?

Marginalia porro hibernica latinis literis exarata: *isdorchæ dom* (est obscurum mihi) 165. *uit mochrob* (vae manus mea!) 176ᵇ. *uch mochliab anóib ingen* (vae pectus meum, o sacra virgo!) 211ᵃ. *ní ǽrmall roscríbad inletráimso. ní m̄all* (non adeo tarde, non lente, scriptum) 195ᵇ. 199ᵃ. *isgann inmemr et ascribend. membrum naue droch dub ó ní epur na haill. isgann membrum. istana andub* (notata de membrana, atramento) 195ᵃ. 217. 228. 248ᵇ. *bendacht for anm̄ain ferguso amen. mar uar dom* (*Fergus* nomen viri, monachi, ut videtur, defuncti) 114. Minus perspicua quaedam: *daman ṡíanach* 52. *Tiach didiv mad ferr lat* .ı. *d. o. o* 210. *inmaith* ... *cobthach* 219ᵃ. 219ᵇ. *grácad* 213. 223. 247. *gracad* 220. *mochoe nóindrommo* 226. *satharnn samchasc* (sabbatum paschatis?) 233.

Glossa marginalis prae ceteris memoranda est haec: *do inis maddoc dún* .ı. *meisse 7 choirbbre* (ad insulam Matoci? concharum? nos, ego et C.) 194ᵃ.*

Versus hibernici in quibusdam locis in margine codicis scripti in capite de constructione poëtica memorantur (p. 928. 929). Omnia haec in Hibernia, ex qua

---

* In fine sententiae *dún, dún* significat *nos* (p. 892); scriptio *maddoc* est pro *matoc* (p. 81). *Matoc* autem vel *Matauc*, hod. *Madawg, Madog*, est nomen viri cambricum frequens (p. 111), et de Madoco filio Oweni principis Venedotiae vel Cambriae septentrionalis exstant relationes historicae cambricae, eum belli civilis causa patria relicta cum suis mari occidentali transnavigato in novam terram, i. e. in Americam, pervenisse circa a. 1170 (Cf. Biographie universelle 26, p. 95. The Cambro-Briton, Lond. 1820, 1, p. 57 sq. 125. A. v. Humboldt, Kritische Untersuchungen 1, p. 388. Berghaus, Völker des Erdballs 1, p. 277. 278). Inde facile statui poterit fama inventae a Matoco Britone Americae, quae etiam a Nordmannis inventa dicebatur *insula Winland*, multo vetustior, jam cognita Scotis monachis. Atque jam inter socios Columbani memorat *Gurganum* Britonem Jonas Bobiensis. Attamen cum exstet subst. fem. hibern. hod. *maideog*, gael. *maideag, maighdeag*, concha Veneris, cui supponi possit vet. *matoc*, gen. *matuice*, an intelligendum *inis innammatoc*, concharum insula? Sed quaenam insula hoc nomine significata?

translatus fuerit codex in terram continentem tempore aliquo, in monasterio hibernico scripta fuisse praeter nomina obvia virorum aequalium nonnisi hibernica, *Fergus, Dongus, Coirbbre, Calvus Patricii* (*Máelpátric*), indicare videtur glossa etiam marginalis haec paulum mutila 203[a]: *:::aithas patric 7 brig. ar máelbrigtæ namba olcc amenma frimm ::::scribund roscribad indulso** (leg. *maithas, arscribund?* bonitas Patricii et Brigitae in Maelbrigtum, ne sit malus ejus animus mihi propter scripturam qua scriptum est hoc opus), in qua nomen *Máelbrigte* haberi possit nomen abbatis monasterii vel praepositi scribendis libris.

Sed debet quaeri certe, an non ortus esse possit codex in monasterio S. Galli ipso vel in locis vicinis, in quibus monachi Scoti degebant. Ob nomina sanctorum et virorum hibernica duntaxat vix hoc concedi poterit de S. Galli monasterio vel de Rinaugia sive Augia minore (germ. Rheinau), ubi post Findanum circa a. 800 inclusum fuerint etiam alii Scoti, vel de Augia majore sive divite; ex hoc enim oriundus codex n. 4 etiam res germanicas prodit. Sed fuerunt etiam collegia cum habitatoribus Scotis, si non omnibus, tamen praevalentibus numero, ut Mons S. Victoris prope Feldkircham, junctus monasterio S. Galli, "quem montem, quo reliquiae et ecclesia sancti Victoris constructa esse dinoscitur, atque religioso quorundam Scotorum conventu incolitur, ad monasterium Sancti Galli jure proprietario" contulit Carolus Crassus a. 882 (Neugart n. 533). Tradit idem a. 885 "quasdam res in villa Raitinis ad venerabile S. Galli monasterium ea ratione, ut deinceps de ipsis rebus duodecim peregrini in monte S. Victoris procurentur" (Neug. n. 553; cf. Pertz. 2, 73).

---

* Subst. *dul*, creatura, res (p. 997, not.), hoc loco opus fortasse significans. Sed est hod. hibern. *dultaobh*, pagina, vix latus (*taobh* = *tóib*) operis, potius folii, ut videatur jungendum *dul* cum subst. *duile* (p. 45).

Coloniae monasterium Scotorum a. 975 demum sub abbate Minnborino incepit, ut narrat Marianus Scotus (Pertz. 7, 555); vetustissimus autem in regionibus Rhenanis ejusmodi conventus fuerit in insula Rheni ipsius dicta Honaugia, Hohenaugia, prope Argentoratum, circa a. 720 ab Adalberto Alsatiae duce fundatus, qui in vetustis ejus chartis servatis in codice scripto a. 1079 a Leone canonico Honaugiensi (editis ab J. Mabillon in Annal. ordinis S. Benedicti 2, 695 sq.) dicitur "monasterium Scotorum, ecclesia Scotorum." Est inter has una (p. 699. 700), qua Beatus ejusdem monasterii abbas plura donat "ad illum locum praedictum et ad pauperes et peregrinos gentis Scotorum".* Nominantur in fine praeter notarium Scoti, quorum dignitas episcopalis dicitur, exceptis abbate et uno presbytero, hi: "Ego *Wellimannus* rogatus scripsi et notavi diem et tempus et locum. Haec charta in Maguntia civitate scripta XI. Kal. Julias anno X. regni domini nostri Caroli regis et imperatoris. † Signum Beati abbatis qui hanc chartam

* Marianus Scotus, qui vixit Coloniae, Fuldae et Magontiae, de se ipse dicit in chronico suo ad a. 1056 (Pertz. 7, 558): "Ego Marianus peregrinus factus pro regno coeleste patriam motuavi et in Colonia monachus effectus." Et scriptor codicis ejus (ibid. p. 481): *isi side cetna blia. tanacsa aalbain in peregrinitate mea* (est hic primus annus, postquam veni ex Albania in p. m.). Cum extra Scotorum conventus in singulis Germaniae monasteriis singuli Scoti etiam invenirentur, vere Gozbertus diaconus dicit (Pertz. 2, 30): "Scotis consuetudo peregrinandi paene in naturam conversa est." Atque Marianum abbatem Ratisbonensem "limina apostolorum Petri et Pauli Romae, gentis suae more, visere desiderasse", auctor Vitae ejus Hibernus narrat, et socium ejus Clementem Hierosolymis obiisse refert, traditque idem hanc peregrinationis usque ad Chioviam Russiae caput factae saeculo duodecimo ineunte historiolam: "Tum (abbate Domno) de fratribus monasterii Scotorum Ratisbonensis vir industrius et in rebus agendis eruditissimus, nomine Mauricius, solus cum solo puero comite per devia mundi ad regem Russiae perveniens ab eodem rege ac principibus urbis ditissimae Chios de ferrinis pellibus pretiosis valentibus centum marcas recepit, atque easdem vehiculis ferens cum negotiatoribus Ratisbonam pacifice pervenit, ex quarum pretio claustri aedificia, tectum quoque monasterii factum est."

fieri rogavit. † S. *Conigani* episcopi. † S. *Echoch* episcopi. † Signum *Suathar* epi. † Signum *Maucumgib* epi. † Signum *Canicomrihc* epi. † Signum *Doilgusso* epi. † Signum *Erdomnach* epi. † Signum *Hemeni* presbyteri." Pro *Doilgusso* legendum certe est *Dongusso*, gen. nominis obvii in codice Prisciani *Dongus*. Num etiam statuendum, pro *Maucumgib*, quod monstrum est falsa lectione ortum, nec hibernicum nec germanicum nomen, legendum esse *Mailbrigte*, nomen in eodem codice memoratum, et nomine *inis maddoc*, sive interpretatio insulae Matoci statuatur sive insulae concharum, joci causa a glossatore esse significatam insulam Rheni, in qua codex ipse ortus fuerit?

Monasterii Scotorum Honaugiensis praesides vetustiores primus Benedictus, constructor ejus, cujus hibernicum nomen fuit *Tubanus* (cf. hib. hod. *tubha*, calamus ?), secundus *Dubanus* (hibern. *Dubán*, Nigellus, ab adj. *dub*), in chartis episcopi etiam dicuntur, non tamen qui hos secuti sunt, Stephanus et Beatus (cf. Mabill. p. 59. 60). Fuerunt sane hi episcopi sine dioecesi, fortasse gradus paulo majoris quam presbyteri more hibernico (cf. Eckharti Franc. Or. 1, 273), et doctrina vel genere et opibus insigniores. Circa medium ejusdem saeculi, cujus initio data est allata charta, monasterium Sancti Galli, cum praeesset Grimoldus abbas una cum Hartmoto, Scotus *Marcus* cum sororis filio, cujus nomen erat *Moengal*, Roma rediens visitavit ibique mansit usque ad mortem. Qui dicitur item episcopus et dives fuit, cum comitatu, equis et mulis proficiscens. Addo librorum causa, quorum fit mentio, quae narrantur de abitu comitum ejus in Ratperti Casibus S. Galli (Pertz. 2, 78): "Equos et mulos episcopus tradidit, libros vero, aurum et pallia sibi et sancto Gallo retinuit, stola tandem indutus abeuntes benedixit. Multis autem lacrimis utrimque discessum est. Remanserat episcopus cum nepote et paucis suae linguae apparitoribus".

Fit quidem mentio codicis Prisciani, qui in monasterio S. Galli scriptus fuerit, in codice monasterii ipsius enarrante libros saeculo nono in eodem exaratos (cod. S. Galli n. 267; cf. Ratperti Casus S. Galli ap. Pertz. 2, 91), inde a p. 25: "Hos libros patrauit grimoldus abba in monasterio sci. galli in diebus hludouuici regis germanie cum adiutorio hartmoti prepositi sui. per annos xxx et unum". Enumerantur deinceps libri, quos jussit scribi Grimoldus abbas, et inter hos p. 27: "Grammatica prisciani in uol. I."* Pergit idem codex p. 28: "Hos uero libros idem hartmotus post grimoldum abba constitutus sub hludouuico supradicto rege et filio eius karolo imperatore in diebus regiminis sui fecit conscribi." Sunt hi reges Ludovicus Germanicus (840—876) et Carolus Crassus imperator (876—887).

Attamen servantur hodie duo codices Prisciani in bibliotheca monasterii, in Catalogis librorum manuscriptorum, ed. ab Haenel. Lips. 1830, in col. 716 ita descripti:

"903. Grammatica Prisciani. Codex eximius ordinateque scriptus, qui saeculum IX. superare videtur. Pag. 1. imago sacerdotis missam legentis. Membr. fol."

"904. Grammatica Prisciani scottice scripta. Codex eximius ordinateque scriptus, qui ob notas interlineares et marginales idiomate et characteribus scotticis in

---

* Memorantur in eodem codice p. 22 (omisso nomine Prisciani) et in vetustiori "Breviario librorum de coenobio sci. Galli" (cod. S. Gallin. 728) p. 20: "Libri Prisciani de octo partibus XVI. Item eiusdem de constructione partium orationis libri II. Item ad simachum de figuris numerorum liber. haec omnia in uol. I", quaeritur num idem codex, an diversus, vetustior. Vix cogitandum de hoc nostro; nam inter libros, qui dicuntur "scottice scripti" in codice, non invenitur Priscianus.

Europa sine dubio celebre nomen obtinebit. Saec. VIII. membr. fol."

Quae e vetustis monasterii libris prolata sunt de uno codice Prisciani, cum non quadrent nisi in priorem. noster codex scoticus, hic saeculo octavo adjudicatus, ubi sit exaratus, quo tempore, quomodo viam invenerit in monasterium Sancti Galli, desunt certiora indicia praeter ea quae supra sunt memorata.

2. Codex Paulinus bibliothecae nunc universitatis Wirziburgensis (distinctus nota M. th. f. 12, mihi Wb.), quondam ecclesiae cathedralis, epistolas Paulinas continens, qui eandem glossarum copiam, immo majorem, quam codex Sg., offert. Quamvis volumen ejus est minus, sunt ampliores tamen glossae ipsae, ad instar commentarii continui textum comitantes et minus singulas voces singulis vocibus, quod frequentius fit in Sg., quam sensum et nexum textus Paulini sententiis hibernicis interpretantes. Sunt etiam aeque fere copiosae intermixtae glossae mere latinae. Refertus est codex ejusmodi glossis ab initio usque ad finem, ad folium antepenultimum vel ad columnam 34ᵃ (usque ad Hebr. 7, 9), a manu accurata et diligente, cujus ductus quamvis sunt tenuissimi, valde simul acuti et perspicui sunt, usque ad folium 32 et per ejus folii columnam quartam (32ᵈ), quam sequitur altera manus crassior et amplior in residuis columnis. Manus tertia etiam in hoc codice, ut in Sg., animadvertitur, quae hic illic per totum librum voculam hibernicam adscripsit. Atque hic codex is est, cujus meminit Eckhartus in Commentariis de rebus Franciae orientalis (1, 272. 452. 847), ex quo etiam quaedam excerpsit, sed falso passim. Nec mirum; magnum enim esset praedito oculis minus acutis, insuper ignaro linguae, minutissimas istas literas, pallidas saepius marginem versus, quarum quaedam (e. gr. *n*, *r*, *s*) sibi valde similes apparent, recte le-

gere et reddere. Specimen in appendice hujus operis hibernicas tantum glossas sistit, et non ad literas quidem (obtinet enim jam in his vetustis codicibus propria Hibernis orthographia* et a pura latina scriptione diver-

* Prodiisse eam proprietatem ex orthographia et pronuntiatione patriae linguae, jam indicant vocales productae accentu notatae praesertim vocum monosyllabarum et terminationum grammaticalium, frequentius dativi plur. in *-is*, tam pro *-is* quam pro *-iis*, genitivi sing. in *-us* aliarumque, e. gr. in Wb.: *tú ó homo* 29b. *ó homo tú quis és* 4c. *sé habent* 29a. *síc offenderunt*, *síc ergo* 5a. 5b. *híc apparet* 30d. *sicut fúr* 25b. *alligabis ós* 29a. *uerbis nostrís* 30d. *uirís suís* 22c. *filís* 16a. *in alís linguís et alís labís* 12d. *episcopatús tui* 30d. *pacem habé* 31a. Item *abít* (abiit) 30d. *simulat sé certáre* 30d. Frequentissima est confusio inter *s* et *ss* (cf. p. 61), ut sit *ss* pro *s*: *cessaris domus* Wb. 24b. *primitius assiae* 7b. *essaias* 5c. 6b. *ephessi* 20d. *onessimus* 31d. *heresses* 11d. *inuissibilia* 26c. *concissio* 23d. *circumcissio* 20b. *circumcissus* 23d. *occassio* 17c. 20b. *depossitum* 29d. *propossitum* 30c. *essurit* 11d. *ussus sum* 14c. *lessimus* (laesimus) 16a. Contra *s* pro *ss*: *colosenses*, *colosís* 26b. 26c. *socii pasionum* 14b. *necesarii* 12a. 12b. *amisio, intermisio* 5b. 25c. *promisio* 16a. 19c. 20a. *remisio* 16c. Atque adeo cum accentu in Cr. 32b: *uno ratione saltús amíso*. Legitur tamen etiam recta scriptio: *æclesiae asiae* Wb. 14a. *circumcisio* 18d. 31b. *necessarius* 23d. 31d. *necessitas* 32a. *intermissio* 29d. Ita etiam aliae consonae, liquidae vel mutae, perperam geminatae: *ollim* Wb. 18a. *intollerantia* 14b. *querella* 24d. 25a. 25c. *pænulla* 30d. *current* (curent) 31d. *aerrarius* 30c. *auf-ferre* 29b. *salutate appellen* 7b. *appollo* 7d. 8c. 14a. 31d. *appollonius* Sg. 158b. Contra: *aparuit* Wb. 31c. *oportune inoportune* 30d. Alternant *f* et *ph*: *philosofia* 27a. *chirografum* 27a. *propheta, profeta, profetare* sq.; *b* occurrit pro *v*: *oliba* (ita ter) 5b. *abia* (avia) 29d, sed etiam pro *p*: *babtizare, babtisma* 7d. 21d. *obtat* 30d, ut *d* interdum pro *t*: *uelud* 32a. *credenses* 31b. Inter vocales *e* vel *i* et *o* vel *u* item frequens est alternatio. *E* pro *i*: *emitatores* Wb. 9a. 11c. *dedicisti, dediceris* 30c. *relegio* 27a. *dileges proximum* 20b. *delegere, delegit, dilegite* 22c. *neglegere* 28d. *abstenete* 25c. *euigelate* 13c. *ancella* 20a. *ingemescimus* 15c. *I* pro *e*: *domus stifanæ* 14a. *per alligoriam* 20a. *accipistis* 9c. 27a. *perigrinamur* 15c. *mercidem*, *mercide* 8c. 10d. 29a. *fidilis* 9a. 11b. 27c. *serui fidiles* 29b. *domisticus* 20c. *adoliscentia* 28d. *O* pro *u*: *motare* (mutare) Sg. fq. *commonem, commonicatio* Wb. 31a. 32a. *luxoria* 22c. 31b. *iracondus* 31b. *conrogatus* (corrugatus) Ml. *U* pro *o*: *diabulus* Wb. 22d. 28b. 29b. *consulari*, *consulatio* fq. *A* pro aliis vocalibus assimilatione orta: *alaxander* Wb. 28a. 30d. *malafactor* 30d. *aparatio* (apparitio) 31d. *Ae*, *æ* et *e* unum sonum sistunt: *aedat, aedunt* 10d. 11d. *obaedite, obædite* 22c. 22d. 27c. *increpa duræ* 31b. *troadae* (*-ade* abl.) 30d. *aeclesia* 9a. *æclesia* 12c. 13a. *eclesia* 9c. *aepistola*, *æpistola*, *epistola* fq. *haebreus ex hæbreis* 23d. *grecus*, *greci* 8a. 19c. *quero, querunt* 18c. 23d. *cessaris* 24b. Pro *y* solita est *i*: *cimbalum* 12b. *siria* 18d. *scitha* 27b. *ab ægipto per moysen* 33a. *per moisen* 32d. *giri* Cr. 18b. *H* deest: *exibet* Camarac. *exortari* Wb. fq. *dignus abetus* (habitus) *est* Wb. 32d;

sitas eadem, quae in codice Mariani Scoti chronographi adhuc obvia describitur a Waitzio ap. Pertz. 7, 494), attamen ad voces textum Paulinum, qui minores, quam sunt solitae capitum, distinctiones habet, numeris in margine indicatas et aut ab una majori litera aut a duabus, rarius a tribus monogrammatis instar junctis, incipientes in codice, quas significavi typis semper duabus majoribus. Carent glossis, excepto uno vel altero loco, argumenta brevia epistolis praemissa, quae ostendunt in initio et fine praesertim, non semper in medio, propriam scripturam insignem apicibus literarum longe et curve productis, ut sit similitudo quaedam cum scriptura Merovingica.

Certi aliquid, quando Wirziburgum venerit hic codex, nec Eckhartus statuit in loco, ubi fusius disserit de eo (1, 452): "Sancte servatur in ecclesiae cathedralis thesauro sacro liber evangeliorum, quo S. Kilianus usus esse dicitur, venerandus sane ob summam antiquitatem. Saeculo enim septimo literis quadratis scriptus est, Pandectis Florentinis aetate par, si non superior... Libri

---

sed et saepius superflue adest: *abhominati* Wb. 31[b]. *honera, habundantia* Cam. *honus*, *hostium* Wb. 20[c]. 27[c]. *honessimus* 24. *usque ad hiliricum* (Illyr.) 6[c]. *habundare* fq. (contra *abunde, abundare* 13[b]. 25[a]. 31[d]). Inde scriptio constans *hís qui, hísdem uestigís* pro *iis qui, iisdem*. Praepositiones *ad, con, in* in compositione raro sequentibus consonis assimilatae inveniuntur. Sigla ɔ pro *con-* (vel *com-, co-?*), frequentior in glossis hibernicis, rarior est in textu latino: *ɔtumilís* (contumeliis) Wb. 20[c]. Inter scripturae compendia porro *p* cum linea supraducta est pro *prae, pre: p.dicauerim*, *p.sens* Wb. 13[a]. 17[a]. *interp.tetur* 12[c]; hibern. *p.cept, p.dchim* fq. semper reddidi *precept, predchim*. Pro *u* vocali lineola semicirculata superaddita supra consonam vel etiam vocalem frequenter obvia est in textu latino codicis Wb. In eodem punctum unum aut duo inter voces in media altitudine literarum sunt loco nostri commatis, duo puncta interdum loco puncti nostri in medio sermone. Finis majoris sententiae vel capitis uno puncto cum linea curva simili nostro commati interdum, saepius duobus punctis cum eadem linea (., vel ..,), vel duobus his signis junctis vel etiam pluribus punctis, significatur. In aliis codicibus etiam alia consociatio invenitur, ut :‿ signum aut semel in fine positum, aut saepius, e. gr. ter, additis insuper tribus punctis :· nudis vel cum linea curva.

ceteri periere. Ego iis libenter adderem codicem epistolarum D. Pauli glossis hibernicis illustratarum, nisi ob scripturae ductus ille M. R. P. Montefalconio aliisque viris eruditis Parisinis mihique ipsi recentior et saeculi noni vel decimi videretur. Cum interim alium praeter S. Kilianum ac socios Hibernum Wirceburgi fuisse aut linguam illam ibi intellexisse nesciam, excerpta ex prioribus capitibus Epistolae ad Romanos addo, subjunctis hinc et inde quibusdam annotationibus meis, quae evincent glossas istas hibernicas esse."

Attamen fuerunt Wirziburgi etiam post S. Kilianum Hiberni. Fuerit ibi abbas Scotus saeculo undecimo, si fides habenda est Annalibus IV. magistr. ad a. 1085 ap. O'Con. 3, 648: *Gilla na naomh* Laighen, uasal eps. Glinnedalocha 7 cennmanach iar sin in Uairisburg, decc. vii Idus April.* ("Gildas-Sanctorum Lageniensis, venerabilis episcopus Glinndalochensis, et caput monachorum postea Herbipoli, obiit VIImo Id. April.", ut vertit O'Con.). Sed non dubium est, quin obtineat in hac notitia incertitudo ni temporis tamen loci, confusio nominum Wirziburg et Reganisburg, et significetur Marianus Scotus, qui Ratisbonae saeculo undecimo exeunte sub episcopo Ottone (qui praefuit ab a. 1060 usque ad a. 1089; Erfordiae etiam jam a. 1036 monasterium Sco-

* *Gilla-na-naomh*, vet. *Gillananóeb*, quo significatur *servus sanctorum*, a *gilla*, hibern. hod. *giolla* (servus, = cambr. *Gildas*, p. 800?), nomen ut *Giolla-Padraicc mc. Conghail* (G.-P., i. e. servus Patricii, filius C.), *Giolla-Cr. ua Maoilbeltaine* (G.-Cr., i. e. servus Christi, nepos M.) ap. O'Con. 3, 754. 802. Mire vertuntur haec nomina "Gildas Patricius f. C., Gildas Christianus O'M." ap. O'Con., cum sit significatio fere eadem, quae est nominum compositorum cum *mael-*, *maol-*, quae vox annon rectius jungatur cum cambr. *mail* e *magil* (p. 121), quam cum adj. *maol*, quaeri debet. Colligendum inde, *Gilla nanóeb* (an *-nóebe* sing. fem., sanctae virginis?) fuisse nomen hibernicum Mariani abbatis, ut fuit *Maelbrigte* Mariani inclusi, et Scotos loco peculiarium suorum hibernicorum nominum sibi latina vel biblica ascivisse in terra continente.

torum institutum esse dicitur, Boll. Febr. 2, 361) fundator et primus abbas monasterii peregrinorum suae gentis fuit, ex quo saeculo demum sequente Scoti etiam transierunt non solum Wirziburgum, sed etiam Norimbergam, Vindobonam et Eichstadium. Ab hoc Mariano scriptum esse codicem Paulinum Vindobonensem, qui continet commentarios interlineares vel marginales latinos et glossas hibernicas quasdam hinc inde ad marginem adjectas (Denis, Codd. ms. theol. biblioth. pal. Vindobonensis, vol. 1. p. 1, col. 127 sq. Lambec. Comment. 2, 749; cf. Pertz. 7, 484 not. 22. 23), colligendum est, idque factum esse a. 1079 ex ipsis ejus glossis patet.* Et quaeri debet, annon etiam ab eodem sit exaratus "codex regularum" Claustroneoburgensis, in quo carmen hibernicum servatum est, cum tradat Dempsterus, Marianum scripsisse "regulam ad fratres lib. I et alia" (cf. p. 933 hujus operis et Boll. Febr. 2, 363), et Aventinus, qui fuit Ratisbonae ante destructionem monasterii et viderit codices Mariani, eum dicat poëtam et theologum insignem (ed. Ingolst. p. 553). Num quid et in aliis monasteriis regionum Danubia-

---

* In 10[a] legitur: *satharn casc innocht* (sabbatum paschatis hac nocte) *f. kl. april. anno domini .M.LXXVIIII. Mariani miseri domine miserere.* In 17[a]: *Ascensio domini hodie VI. n. maii. anno domini M,LXXVIIII. Mariani miseri domine miserere.* "Ad codicis calcem", ut utar Denisii verbis, "charactere, ut in omnibus seu titulis seu subscriptionibus, miniato legitur": *In honore indiuidue trinitatis Marianus scottus scripsit hunc librum suis fratribus peregrinis. Anima eius requiescat in pace. propter deum deuote dicite. amen. XVI. kl. iunii hodie feria VI. anno domini M.LXXVIIII.* Haec vivum Marianum futuris peregrinis gentis suae dicere jam Lambecius putavit; neuter saltem, nec Lambecius nec Denisius ultimam glossam a diversa manu additam esse asserunt. Aventinus (p. 553) loquitur de psalterio cum commentario e sanctis patribus collecto a Mariano, quod vidisse videtur, et praefationem ex eo affert, quae testatur, quod Marianus a. 1074 "septimo peregrinationis suae anno" scripserit id opus, quod ut in fine adjicitur "Georgii feriis coepit, Mathaei et Hemerami finivit."

narum lateant codices continentes carmina hibernica? De industria Mariani in scribendis libris auctor Vitae ejus, Hibernus etiam, monachus Ratisbonensis, qui plura narrat, ut ipse dicit, "prout mihi pater Isaac, qui centum et viginti annis vixerat, ejus contemporaneus, et qui sub sua directione et obedientia degebat, saepe referebat", haec dicit (Boll. Febr. 2, 367): "Tantam scribendi gratiam B. Mariano divina providentia contulit, quod multa ac prolixa volumina veloci calamo perscripserit. Nam, ut veraciter dicam sine omni fuco verborum, inter omnia gesta, quae divina misericordia per eundem virum operari dignata est, magis laude et admiratione dignum judico et admirans admiror, quod idem homo sanctus vetus et novum testamentum, cum commentariis expositoriis codicibus eorundem librorum, non semel nec bis sed saepenumero aeterna pro mercede in tenui habitu et subtili victu cum propriis fratribus suis, qui pergamena parabant, adjutus, propria manu perscripsit. Eodem quoque tempore multos libellos multaque manualia psalteria viduis indigentibus ac clericis pauperibus ejusdem civitatis pro remedio animae suae sine ulla spe terreni quaestus scriptitaverat. Praeterea multae congregationes monastici ordinis, quae fide et caritate ac imitatione B. Mariani derivatae de finibus Hiberniae Bavariam et Franconiam peregrinando inhabitant, ex majori parte scriptis B. Mariani fulciuntur." Eum non solum die sed etiam nocte libros suos scribere solitum fuisse, tam glossae marginales hibernicae codicis Vindobonensis indicant, quam auctor Vitae de hac re miraculum lucentium digitorum narrans diserte affirmat. Sociorum ejus unus, Clemens, "Jerosolymam perrexit ibidemque vitam in pace finivit", alter Johannes "B. Marianum carosque propinquos aeternae vitae desiderio deserens Cottovicum (hod. Göttweich) intravit in Austria, ac arctioris disciplinae viam ingrediens se includi*) ibidem fecit". De Lagenia patria et episcopatu Glendalochensi (cf. Boll. Febr. 2, 834. Jun. 1, 310; Duncalidoniensem monachum antea facit eum Dav. Camerarius, Boll. Febr. 2, 364) tacet idem monachus Ratisbonensis Hibernus. et Marianum ex aquilonaribus partibus Hiberniae oriundum dicit, oriundosque ex iisdem regionibus sex successores, septimum demum Domnum "a parte australis Hiberniae" ortum, post quem octavus Christianus ad patriam aggressus et inde regressus iterumque remeans in Hibernia mortuus est.

Wirziburgum ab hoc abbate Ratisbonensi Christiano in monasterium Scotorum ab episcopo Embrichone e primis fundamentis erectum a. 1134, ut indigenae referunt relationes (Gropp. Script. rer. Wirceburg. 1, 520), missus est primus abbas "cum aliquot fratribus" Macarius, qui auctori Vitae Mariani dicitur "in lege divina doctissimus atque diutinis liberalium artium studiis per totam Hiberniam celeberrimus". Post eum tertius abbas Scotorum Wirziburgensium Carus, Conradi regis capellanus, fundati Norimbergae Scotorum monasterii (quod hodie est gymnasium Aegidianum, a. 1526 a Melanchthone inauguratum) primus factus abbas, ibi Declanum,

---

* De ordine inclusorum pia tormenta Indorum superante monumentum vetustum memoratu et lectu certe dignum offert Raderus in Bavaria sancta 3, 115. Addenda sunt his, quae vetustus scriptor de Findano Scoto, qui dicitur "reclusus, in arctissimo loco inclusus" apud monasterium Rinaugiense circa a. 800 et de austero ejus vivendi modo narrat (Goldast. Script. rer. alam. 1, 205). Per 30 annos "spontanee clausus" Eusebius Scotus in monte S. Victoris vixit eodem saeculo exeunte (Pertz. 2, 73). Praecessit Marianum abbatem etiam Scotus Ratisbonae "in superiori monasterio reclusus" Murcheratus vel Muricherodachus (Boll. Febr. 2, 361. 368; hibern. *Muirchertach*), Fuldae Marianum chronographum Scotus inclusus Animcadus (hibern. *Animchath*), et Paderbronnae idem Marianus postea item inclusus visitavit sepulcrum Scoti Paterni inclusi, qui "ambiens martirium, in sua clausola" igne consumi se passus est (cf. Mariani ipsius chronicon ap. Pertz. 7, 557. 558).

Conradi et Friderici Barbarossae capellanum, habuit successorem, qui ecclesiam S. Aegidii "quadris et naturaliter rubricatis lapidibus construxit", teste Hiberno monacho. Gregorio Christiani successore monasterium Ratisbonense regente Vindobonam etiam in monasterium Scotorum a duce Heinrico institutum "viginti quatuor fratres" sub abbate Sanctino descenderunt, aliique Scoti tum Eichstadium primum venerunt (Boll. Febr. 2, 371. 372; cf. Pertz. 11, 617). Hibernos hos omnes tam nomina quam narratio ipsa demonstrant; recentioris demum aetatis abbates et fratres, a vetusta abstinentia et doctrina degenerantes, contraria sectantes et bona monasteriorum, adeo libros, distrahentes, junioribus e patria non subsequentibus, colonias suas in Germania continuare non potuerunt et Germanos successores habuerunt, primum Vindobonae et Norimbergae annis 1413 et 1418, deinde Wirziburgi a. 1497 (Boll. Febr. 2, 362. Oefelii Script. 1, 342. 344. 350). Ratisbonense monasterium primitivum, Mariani sedes, a. 1552 bello destructum interiit (Rader. Bav. sancta 2, 222).

Distinguendus est ab abbate Ratisbonensi Mariano Scoto aetate aequalis alter Marianus Scotus, monachus primum Coloniae, deinceps inclusus Fuldae et Magontiae apud monasterium S. Martini, ubi circa a. 1083 obiit (Pertz. 7, 484), perfecto opere chronologico et historico, cujus codex aequalis ex parte fortasse ab ipso scriptus, primum bibliothecae ejusdem monasterii, deinde Palatinae, nunc Vaticanae, vetustum poëmatium de Benedictione Hiberniae servat (p. 944) atque loci hymni hibernici in S. Patricium mentionem facit.* Fuit hic Hibernus

* Sed jam mala intellectione inusitatae formae (Pertz. 7, 529): *Sucat nomen Patricii in baptismate. Cothraege diambæ icfognam docethar treb.* (C. cum fuit serviens quatuor vicis) e dist. 3 hymni: *batar ile cathraige* al. *cothraige* pro *ilchatraig* (p. 943, not. 1), acsi fuisset *Cothraige* proprium nomen

certe etiam Wirziburgi, quamvis breve tempus, et sacerdos ibi consecratus est, ut in chronico suo ad a. 1059 ipse testatur (Pertz. 7, 558).

Fuit porro et diutius Wirziburgi, et ante institutionem monasterii Scotorum, vir doctus Hibernus Davides, de rebus scholasticis meritus, historiae expeditionis Romanae ab Henrico V factae annis 1111 et 1112 scriptor. Periit quidem ejus liber, sed excerptus est tam a Willelmo Malmesburiensi quam ab Ekkehardo, qui aequalis et ipse historicus insignis hoc de eo testimonium reddit (Pertz. 8, 243): "Providerat rex se non solum armatis sed etiam litteratis viris necessario muniri. Inter quos claruit quidam Scotigena nomine David, quem dudum scolas Wirciburc regentem pro morum probitate omnique liberalium artium peritia rex sibi capellanum assumpsit. Hic itaque jussus a rege totam hujus expeditionis seriem rerumque in illa gestarum stilo facili tribus libris digessit." Eum postea monachum factum esse sub Macario, Trithemius tradit (Pertz. 8, 11, not. 15).

Patricii servi. Hunc codicem, qui duas diversas manus ostendit (Pertz. 7, 481. 482), ex parte a Scoto, qui ex Albania (hodierna Scotia) advenerat Magontiam in monasterium S. Martini, scriptum esse, docent duae adnotationes ejusdem, quibus Marianum certis diebus in inclusionis austeritate exhilaravit. Una in 33ª: *ISóim dén indiu a mǽlbrigte clósenair in magantia isí dardóen riafél petair isí cetblia. dendegáid .i. isí blia. irromarbat diarmait rí lagen. 7 isí side cetnablia. tanacsa aalbain* (est laeta nobis haec dies, o Maelbrigte incluse, Magontiae; est haec dies Jovis ante festum Petri, est hic primus annus post, i. e. est hic annus quo occisus est Diarmitius rex Lageniorum, et est hic idem primus annus postquam veni ex Albania; pergit latine:) *in perigrinitate mea. et scripsi hunc librum pro caritate tibi et scotis omnibus id est hibernensibus qui sum ipse hibernensis.* Mors regis Diarmitii in chronico Mariani ad a. 1072 indicatur. Altera notatio in 67ª: *ISobenn dén indiu ámélbrigte clesenáir diamairt .II. kl. aug. Maniderntais scoloca manestrech marritin braflace damsa frileberinn ittge cotocenn* (est laetum nobis hodie, o Maelbrigte incluse, die Martis II Cal. Aug. Nisi facerent servi monasteriales Martini injuriam mihi, adhiberem preces ut accederem, i. e. ut admitterer; pergit item latine:) *ut cecidi cum tabulis in fundo stercoris. sed grâtias ago nec mersus sum in stercore francorum. sed tamen oro discentes ut dent maledictionem illis.* Videsis imitationem scripturae ap. Pertz. 7, in tabula addita ad p. 481.

Horum unus doctorum Hibernorum codicem Paulinum ex Hibernia attulerit. Addo tamen his omnibus, quod in indice saeculi noni vetustiore librorum monasterii S. Galli inter libros scottice scriptos occurrunt "Epistolae Pauli in vol. I." (Cf. Weidmanni Hist. biblioth. S. Galli, et Kelleri Comment. de codd. hibernicis in Helvetia asservatis, in exordio).

Codex saeculi noni vel decimi dicitur codex Paulinus Wirziburgensis Eckharto in loco supra allato, saeculi noni, saeculi fere decimi, et bibliothecae ecclesiae cathedralis in aliis (1, 272. 847). Sed tam lingua quam scriptura est eadem, quae obtinet in codice Mediolanensi, dum Prisciani Sangallensis codex congruens in summa peculiaria quaedam offert; e societate horum codicum, quos viri docti quidam saeculo octavo attribuerunt, abstrahi omnino non debet.

3. Codex Mediolanensis bibliothecae Ambrosianae (distinctus nota C. 301, a me literis Ml.), glossarum molem continens non minorem ea quam continet codicum ante dictorum quisque. Eum in bibliothecam Ambrosianam e monasterio Bobiensi translatum esse, tradit notitia in fronte codicis haecce: "Hunc codicem commentariorum S. Hieronymi in psalmos, longobardis characteribus conscriptum ac notis viri docti adspersum, scito ex bibliotheca Bobii a S. Columbano instituta prodiisse ac Rmo. Cardinali Federico Borromaeo, dum Ambrosianam bibliothecam Mediolani instrueret, libros manuscriptos undique conquireret, a religiosissimis S. Benedicti patribus munere vicissim ab ipso Rmo. donato, perhumaniter oblatum fuisse anno 1606 Antonio Olgiato, qui primus eam bibliothecam tractavit, praefecto."

Inventarium librorum monasterii Bobiensis confectum a. 1461 et editum ab A. Peyron in Praef. ad Cicer. Oratt. fragm. inedita, Stutg. 1824, haec de codice refert, quae conveniunt cum adnotatione antiqua in codice ipso (Peyr. p. 26. 188): "In hoc volumine continetur Hieronymi presbyteri expositio super psalterium non tamen a primo psalmo prius incipiens. sed quosdam alios indirecte prius disserens. deinde ad psalmorum ordinem id est a primo incipiens et demum subsequenter in expositione procedens usque ad finem psalterii. in littera langobarda satis legibili. satis magni volum." Hunc tamen commentarium Hieronymo non posse tribui, tam Muratorius censuit, qui primus quaedam specimina ejus edidit (Antiq. Ital. III, p. 859 sq.), quam Vallarsius operum S. Hieronymi editor, qui plura etiam de eo codice disseruit (in Praef. ad Appendicem tomi VII, p. XX. XXI) et Columbano commentarium adscribendum credidit. Atque assentit in hac re A. Peyron (l. c. p. 189), stilum commentarii consonantem cum stilo operum D. Columbani dicens. Haec virorum doctorum arbitria recta apparebunt, si conferuntur quae de Columbano adhuc juvene sub magistro Silene diligenter in studiis navante narrat auctor Vitae ejus Jonas Bobiensis fere aequalis (Mabill. Acta Bened., saec. 2, 6): "Tantum Columbani in pectore divinarum thesauri scripturarum conditi tenebantur, ut intra adolescentiae aetatem detentus psalmorum librum elimato sermone exponeret; multaque alia, quae vel ad cantum digna vel ad docendum utilia, condidit dicta". Horum unum de commentario in psalmos, alterum de monostichis ejus adhuc exstantibus (p. 921. 922) carminibusque dictum esse satis patet. Ab Hieronymo scripta quaedam in primis codicis paginis praemissa, glossis item hibernicis instructa, causa fuerint etiam commentarii, qui incipit a folio 14, ei adscribendi.

Ejus commentarii enarratio primi psalmi cum glossis suis hibernicis sequitur in appendice. In reddendo textu latino, quem nonnisi in glossatis locis exscripseram, nec Muratorii specimine nec Vallarsii (qui multa pessime legit) textum codicis satis accurate exprimente, illud Muratorii multo purius plurimum secutus sum.

Codicem "vetustissimum, antiquissimum" dicit Muratorius (p. 859. 871), quem describit A. Peyron ita (p. 188): "Membranaceus saec. VIII; character longobardus, seu, uti reor, saxonicus ad romanum jam inclinans; folio." Est character hibernicus, ut sunt hibernicae glossae, quae tamen calamo minus puro vel acuto in initio operis exaratae sunt, ita ut interdum aegre legi possint, puriore vero deinceps. Omnes has glossas assequi nec volui (quaedam scilicet minoris videbantur momenti) nec potui, quamvis adfui bis Mediolani, ut potirer glossarum copia etiam hujus codicis. Adfui enim infausto astro tam prima vice, cum ob congressum doctorum Italiae virorum bibliotheca non pateret laborantibus sed visitantibus,* quam altera vice mense Augusto a. 1846, cum morbus typhus invasisset civitatem, cujus ipse prima indicia sentiens Alpium saniorem aërem petere coactus sum. Quamvis ergo non ut erat in votis consecutus sum omnem rem, non satis possum laudibus efferre humanitatem et benevolentiam in me tam praefectorum bibliothecae, quam comitis Castilionaei, virorum praestantissimorum et doctissimorum. Huic libro si fortasse contigerit secunda editio, spero non defutura nec haec Mediolanensia, nec quae servantur Augustae Taurinorum, collecta ab A. Peyron, viro clarissimo (cf. Cic. fragm. ined. p. 191. 192), quam civitatem re, ob quam adieram, omnino infecta reliqui.

4. Codex bibliothecae Carlisruhensis (n. 83, Cr. in hoc opere), liber quondam monasterii Augiae majoris in

* Quantum tum licuit uti codice carmen primae paginae descripsi et quasdam per totum codicem, ut obvenerunt fortuito, collegi glossas, non notans paginas codicis, quae in hoc opere nudo signo Ml. significatae occurrunt.

lacu Bodamico (germ. Reichenau), inscriptus: "Computus de signis XII et intervallorum. Beda de ratione temporum." Multo minorem jam materiam praestat quam codices ante dicti, majorem tamen quam mox infra sequentes. Glossae hibernicae interpretantur textum Bedae de rerum natura et de temporum ratione. Incipientes a p. 18 glossae in librum priorem procedunt usque ad 20[b]. Post locos quosdam libellorum Bedae de loquela digitorum (ed. Basil. 1, 165) et de ratione unciarum (ed. Basil. 1, 182) obiter tactos in 24[d] et 25[a], sequitur glossatio in codice continuata a col. 31[b] usque ad 45[c] in librum de temporum ratione, et luculentior quidem inde a cap. XV (ed. Basil. 2, 95), sed deficiens deinceps in posterioribus capitibus. In foliis primis codicis rarae sunt adnotationes hibernicae, in 4[a] in margine superiore: † *oengusso* † (gen. nom. pr. *oengus*, num signum Oengusi scriptoris, an mortis indicatio?), et alia ejusmodi in col. 17[a]: *August. ιβ . . . b db u bás muirchatho m. mailedúin hicluain m. cunois áimdachiarain .x. anno.* Chronologica amplior de dictione "salva ratione saltus" obvia in 3[b] sequitur infra in appendice.

Esse hunc codicem saeculo octavo finiente vel nono incipiente ab Hiberno in Germania scriptum, patet e notationibus his chronologicis in p. 15[a]:

DCCLXVII karolus 7 karolomannus eliguntur in regnum

DCCLXVIIII karolomannus moritur

DCCLXXI karolus in italiam perrexit

Additur in margine inferiore:

DCCCXIIII .ı. karolus imp. obiit

In margine superiore notatio recentissima:

DCCCXVII .ı. aed rex hiberniæ moritur.

5. Codex Prisciani bibliothecae Carlisruhensis (n. 223, mihi Pr. Cr.), liber etiam quondam Augiae majoris

(ut in prima pagina utriusque codicis asserit vetusta manus), multo parciores exhibet glossas ad textum grammatici et in parte tantum codicis ab initio usque ad 64ª; a 64ᵇ usque ad 103 nulla amplius obvia est. In parte una glossarum congruit cum Prisciano Sancti Galli, ut possit videri oriundus ab eo et esse recentioris aetatis, in parte altera tamen est sui ipsius arbitrii et offert adnotationes, quas nescit codex Sancti Galli.

6. Codex Sancti Galli n. 1395, continens fragmentorum e codicibus vetustis collectionem factam ab Ildefonso ab Arx bibliothecae praefecto, in tomi II folio 419 offert incantationum formulas hibernicas, quae in capite de constructione poëtica typis expressae sunt (p. 926), significatae in hoc opere Incant. Sg.

7. Codex civitatis Camaracensis distinctus n. 619, cui insunt Canones hibernici concilii a. 684, in uno solo loco in medio libro servat sermonis hibernici de abnegatione fragmentum intermixtum sententiis latinis. Constat de aetate codicis; finit enim his verbis: "qui dicunt mihi euge euge. Expl. liber canonum quem domnus Albericus episcopus urbis Camaracinsium et Adrabatinsium fieri rogavit Deo gratias Amen." Praefuit episcopus Albericus ab a. 763 usque ad a. 790 circiter. Locus jam typis impressus est apud Pertzium, in operis inscripti "Archiv d. Gesellsch. für ältere deutsche Geschichtskunde" t. 8, p. 432. 433, ubi tamen Bethmannus, qui codices Camaracenses a. 1841 lustravit, scripturam ejus codicis malit putare esse saeculi noni. Post eum O'Donovanus (Gramm. hibern. Introd. LIII) secundum imitationem publicatam a C. P. Cooper, secretario societatis edendis anglicae historiae monumentis, quam ego non vidi, codicem item saeculo octavo vindicat. In manibus meis est imitatio in charta pellucida, quam debeo Monio, V. Cl., cui eandem obtulit Warnkönig, Lovanii quondam

juris professor, vir de studiis historiae belgicae optime meritus. Ex ea imitatione sermunculus typis impressus sequitur infra in appendice.

Belgicas regiones et vicinas gallicas multum frequentatas fuisse ab Hibernis, jam nomina Fefrus vel Fiacrius, Chillenus, Furseus, Ultanus, Foillanus, celebrata Latiniaci prope Parisios, Meldis, Peronae, Fossis, Atrebatibus, confirmant, sanctorum Hibernorum, qui ibidem in propaganda et stabilienda religione christiana laborarunt inde a medio saeculi septimi (Mabill. Acta Benedict. saec. 2, 287. 573. 591), aliquot decenniis praeterlapsis postquam Columbanus et Gallus sociique Galliam, Helvetiam, Italiam peragrantes monasteria Luxovium, Sancti Galli, Bobium instituerant, et paulo tempore ante quam Kilianus cum sociis Totmano et Colmano (hibern. *Totmán* a *totm* p. 267, *Colmán* = *Columbán* a *colum* p. 752, formae nominum praeferendae formis *Totnanus* et *Colonatus*; cf. Eckh. Fr. Or. 1, 274, Boll. Jul. 2, 601) Wirziburgum venerunt.

Lingua horum codicum omnium tribuendorum aut saeculo octavo aut nono ineunti est una eademque, formis suis et regulis certis circumscripta, lingua hibernica vetusta. Satis certum et perspicuum est, jam pridem, cum quatuor dialecti quatuor populorum principalium Hiberniae differre et distingui coeperunt tam a se quam a formatione linguae communis prioris, hanc cognitam recentioribus hominibus e libris vetustis, ut legibus aliisque, a nomine gentis vetustioris tum obsolescente significatam esse denominatione *Bérla Fene*, linguae Feniorum, vel dialecti fenianae.* In orthographia tantum

* Memoratur in Annal. IV. magistr. ad a. 935 ap. O'Con. 3, 461: *Finnachta mc. Ceall. comharba Doire esp. 7 saoi berla Fene* (Finnachtaus f. Ceallachi vicarius Derrensis episcopus et sapiens in lingua Feniorum), scri-

animadvertitur varietas aliqua vetustae linguae, cum e. gr. in Ml. obtineat saepius *e* pro *ai* vel *i* solita in Wb. et orta e primitiva *a*, vel in Cr. et in Ml. *ai* interdum pro primitiva *i*. Frequentius etiam *ai* quam *i* scribitur in codice Sg., qui orthographiam alias ostendit magis excultam quam ceteri, significans e. gr. statum infectum literarum *f* et *s* signo delente et statum durum literarum *m*, *b*, *d*, *g* duplicata scriptione *mm*, *bb*, *dd*, *gg*, quae insolita est ceteris, exhibentibus aut singulas easdem aut tenues *p* (= *bb*), *t* (= *dd*), *c* (= *gg*) contra etymologiam. Usus puncti delentis grammaticalis in solo quidem codice Sg. reperitur (et ne hic quidem, ubi ei secundum regulas locus esse debet, semper positum invenitur), vestigia tamen duplicatae mediae indurandae, quamvis rara, apparent etiam in aliis, e. gr. *robbia* (in aliis locis *robia*. *ropia*) Wb. 13[d], *robbatar* Pr. Cr. 60[b], *frigargg* inter voces hibernicas paucas codicis Bernensis n. 363 scotici, qui adjudicatur saeculo VIII exeunti vel IX ineunti in editione Horatii Orelliana majore (Turici 1843, praef. p. 1). Non igitur ex illa orthographia magis culta codicis Sg. recentior aetas colligi debet, sed potius in his differentiis statui diversus scriptionis usus diversa-

ptor celeber credo in patria lingua. Alias occurrit nomen apud compositores fabularum hibernicos, qui hibernicae gentis et linguae nomina et proprietates suo modo, fabulis componendis, sibi explicarunt. Narratur apud hos (cf. O'Donov. Introd. p. XXIX et O'Con. 1, Proleg. II, p. LXXXVIII sq.), regem *Fenium* (scribitur *Phaenius* apud Giraldum Cambr., aliis *Fenisius* et cum Phoenicum nomine conjungitur), suae linguae et aliarum peritissimum, cui fuerint socii aeque periti *Gaedal* et *Iar* (i. e. occidens), jussisse Gaedalum linguam patriam d i g e r e r e i n q u i n q u e d i a l e c t o s, q u a r u m m a x i m e c u l t a e t p e r f e c t a n o m i n a r i d e b e r e t a b i p s o *Berla Feine*, ceterae autem dialecti vel omnis lingua vulgaris a Gaedalo dicenda esset *Gaidhelg* (*Gaidelach* ap. Girald.; gael. *Gaelig*). Leges vetustae hibernicae diserte dialecto feniana scriptae dicuntur. Post hanc nominantur, recentiore fortasse distinctione, poëtica, dialectica, physicalis vel medicina, et solita dialectus (*B. filed*, *etarscartha*, *teibide*, *gnáthberla*). Differentiae dialectorum quatuor populorum principalium ab Hibernis ipsis quatuor versibus indicantur (O'Donov. Introd. LXXII sq.).

rum scholarum vel monasteriorum. Et si quis velit étiam affirmare, ad supra dictum tempus pertinere quidem textum codicis et glossas marginales eas quas cum codice ipso ortas esse dubitari non potest, glossarum autem molem adjectam esse a glossatoribus recentiore tempore, equidem nullo modo concedam, linguam eam codicis Sg. seriorem esse decimo saeculo. Inde a saeculo undecimo enim incipit linguae recentior formatio, cujus nullum vestigium invenitur in Sg., et quae cognoscitur praesertim in tenuium destitutione, in vocalium quarundam praesertim diphthongorum mutatione, jamque flexionum vel terminationum destructione; a qua formatione incipit media aetas linguae hibernicae usque ad constitutionem hodiernae linguae. Hujus aetatis sunt plures codices asservati in Hibernia vel etiam in Britannia aut ad idem ipsum tempus pertinentes et ejusdem res et relationes continentes aut etiam e vetustioribus transscripti. Sed nondum typis impressa sunt etiam pluris habenda, e. gr. ne Cormaci quidem glossarium vetustioris originis, exceptis iis particulis, quae apud O'Reillium et O'Donovanum leguntur. Sunt ejusdem formationis etiam obvia apud O'Donovanum excerpta e codice dicto "*Leabhar Breac*", ut illa vetustatem adhuc redolentia, sed corruptionem pristinae ingenuitatis jamjam etiam prodentia. Vetustioris aetatis linguae vicina est etiam lingua narrationis hibernicae editae sub titulo *Deirdri* ab O'Flanagano (p. 937, not. 1). Vestigia prima hujus recentioris aetatis offerunt codices saeculi undecimi exeuntis, e. gr. codex Mariani Scoti chronographi, qui pro vetustiore *cen chretim* jam scriptionem *gen chredem* ostendit, quae hodie est *gan chreideam*, jam semper *rí*, *ri* pro *ríg*, ut *rí lagen* (rex Lageniorum), *ri ulad* (rex Ultoniorum), *ri arad* (rex Dalaradiae) Pertz. 7, 481. 559, et sine *e* finali *clausenair*, *clósenair* (cf. *notire*, *echaire*, p. 743), et codex Claustroneoburgensis conveniens scriptione vocum *ralég*, *gombond*, *ri*, *láin* aliarumque (cf. p. 934. 944, not.).

CODICES BRITANNICI.

Exstant cambrici quidam aequales hibernicis codicibus enumeratis tam aetate quam contentis, glossis scilicet additis ad textus vetustiores, servati Oxoniae, ob quos praecipue etiam Britanniam adire necessarium duxi. Accedunt his alia monumenta vetustae linguae cambricae inventa, ut in codice Lichfeldensi et Luxemburgensi, et jam typis impressa. Omnia tamen haec multum hibernicis superantur, sive habetur copiae ratio sive doctrinae et scripturae, quae in quibusdam est impura, barbara, quamvis linguae cambricae ipsius animadvertitur vetustior puritas et gravitas. Poëmatum, chartarum continentium agrorum vel finium descriptiones atque legum cambricarum quae sunt ejusdem aetatis vel vetustioris vel etiam paulo recentioris, non in codicibus aequalibus scriptis eo tempore, quo orta sunt ipsa monumenta (quos solos codices quaerit linguae vetustae indagator), servata sunt, sed in recentioribus transscripta et transformata inveniuntur. Armoricae vetustae glossae vel relationes omnino desunt (excepta una agri descriptione brevi in charta a. 821; cf. p. 627), sed exstant chartularia monasteriorum magnam nominum propriorum praesertim virorum copiam continentia in chartis datis inde a saeculo nono, ex parte tantum typis impressa. Quae ut plene et incorrupte publici juris fiant, est magnopere optandum. Cornicum vetustissimum monumentum est Vocabularium saeculi circiter tertii decimi, Londinii asservatum. In his ergo major etiam animadvertitur penuria.

Trium dialectorum ampliora monumenta demum ex uno eodemque tempore circiter exstant, saeculo quarto decimo, typis impressa jam omnia, narrationes codicis rubri cambricae, passio Christi cornica et vita S. Nonitae armorica, ex quibus quae defecerant monumentorum vetustioris aetatis penuria, supplenda erant in hoc opere. Hos codices vel eorum editiones enumerabo secundum dialectos ipsas.

Codices cambrici. 1. Oxoniensis prior: codex Oxoniensis bibliothecae Bodlejanae distinctus quondam nota NE. D. 2. 19, nunc Auct. F. 4—32, membranaceus formae minoris, e pluribus codicillis compactus, descriptus jam a Wanlejo in Catal. ms. anglosax. 2, 63. Partes ejus nobis materiam suppeditantes sunt hae:

a. Eutychii grammatici pars cum glossis cambricis interlinearibus a pag. 2^b usque ad 9^a in libri primi segmenta I. II. III (ed. Lindemanni p. 154—166).

b. Ovidii artis amatoriae exordium a pag. 37^a usque ad 45^b item cambricas glossas interlineares (in versus 31—370) continens.

Sunt praeclara haec et vetustissima, quae non dubito quin sint ejusdem aetatis cum vetustissimis hibernicis, saeculi octavi exeuntis vel noni ineuntis. Id dolendum, quod non sunt copiosiora.

c. Alphabetum Nemnivi in p. 20^a figuras literarum sistens earundemque nomina cambrica. Figurae sunt similes figuris literarum, quae dicuntur *coelbren y beirdd* (literae bardicae) et impressae sunt typis (e. gr. apud Owenum vel in ephemeride inscripta "The Cambro-Briton 1, p. 241), sed differt earum compositio et significatio. Eas haud satis accurate pridem publicatas esse inter epistolas Usserii Armachani (quod opus mihi non est visum), dicit Wanlejus.

d. De mensuris et ponderibus quaedam, cambrica intermixta latinis, in p. 22^{b}. 23^{a}.

Sunt in hac utraque parte pauciora cambrica, in d. ob scripturam implicitam et minutam aegre legenda, sed a vetustate ante dictorum non degenerantia.

2. Oxoniensis posterior: codex Bodlejanus quondam significatus NE. B. 5. 9, nunc Ms. Bodl. 572, membranaceus formae minoris, res theologicas continens, in medio autem a p. 41^{b} usque ad 47^{b} pensa quaedam latina ad praebendam pueris copiam verborum (ut videtur) cum vocibus cambricis, quae scriptae sunt aut supra vocabula latina aut post ea in linea cum signo .ı. glossatorum solito. In pag. 41^{a} haec cambrica praecedente conspiciuntur tres lineae literarum runicarum vel bardicarum mirae formae, differentium tam a runis Nemnivi quam a scandicis. Scriptorem Britonem sive Cambrum ostendit in his pensis obvia sententia: *humilibus deus dat gratiam et uictoriam. clades magna facta est et de saxonibus percussi sunt multi de britonibus autem rari.*

Codex quamvis non attingit aetatem ante dictorum, e vocabulorum tamen quae offert maxima parte linguae cambricae elucet formatio ea vetusta, quae ut formatio hibernicae vetustae ignorat destitutionem consonarum. Adest e. gr. adhuc status primitivus tenuium et *m* in vocibus: *cep* (fossarium), *notuid* (acus), *tarater* (foratorium), *cemecid* (lapidaria), *ocet* (raster), *creman* (baxus), *guillihim* (forceps) etc. Adsunt tamen jam etiam initia destitutionis, e. gr. in *modreped* (pro *motreped*), praesertim in compositis: *casgoord* (= *cas-cord*), *hendat* (*hen-tat*), *gu-bennid* (*guo-pennid*).

3. Codex ecclesiae Lichfeldensis (antea Landavensis), evangelia continens, in quo variis locis (e. gr. in 9^{b}. 10^{a}. 71^{a}. 109^{b}) donationes ecclesiae Landavensi factae

valde vetustae, non recentiores glossis codicis Oxoniensis prioris, adnotatae sunt latine, sed cum nominibus vel etiam sententiis cambricis, quas jam publicavit Wanlejus p. 289. 290. De aetate unius harum adnotationum idem, postquam eas exposuit, ita disserit: "Hactenus de adnotationibus in hoc venerando ob vetustatem codice ab hominibus Cambro-Britannis exaratis, quarum prima, ab Gelhio, qui illum Llandavensi ecclesiae dederit, eadem fere manu scribitur, perinde ac codex Bodlejanus NE. D. 2. 19, ideoque eam ineunti saeculo nono adjudicandam censeo." Ex hoc celebri codice Lichfeldensi septem adnotationes iterum typis impressas offert Appendix editionis libri Landavensis (p. 271), cui addita est insuper imitatio scripturae duarum priorum et duarum postremarum adnotationum. Duae postremae rudem quandam vetustatem prae se ferentes, agrorum fines describentes et paene mere cambricae, secundum eam imitationem sub praep. *di* a me integrae expositae sunt (p. 627).

4. Folium Luxemburgense. In bibliotheca civitatis Luxemburgensis Monius in tegmine codicis alicujus invenit adglutinatum folium saeculi noni cum glossis, quas descripsit et publicavit (in p. 76. 77 libri sui inscripti: "Die gallische Sprache. Karlsruhe 1851"). Sunt hae glossae nec belgicae nec alius originis (cambrica figura *v* pro *u*, quam Monius postulat, si essent cambricae, est multo recentioris aetatis, p. 108), sed britannicae et specialiter cambricae, ut non solum plena congruentia sonorum et formarum in eis et in Oxoniensibus, sed etiam propria soli dialecto cambricae terminatio *-etic* participii praeteriti passivi (p. 528), obvia in vocibus *hantertoetic*, *dodocetic* hujus folii, comprobat.

Oxonienses glossas omnes una cum his Luxemburgensibus cum commentario in appendice hujus operis subjunxi. Sunt enim haec monumenta vetusta genuina, servata in codicibus aequalibus vetustiori aetati linguae cambricae. Harum si tanta copia exstaret, quanta exstat hibernicarum glossarum, facile fieri posset veterum carminum cambricorum restitutio in primitivam suam et genuinam formam. Magnopere igitur optandum est, ut viri docti ejusmodi glossas, quae in codicibus bibliothecarum terrae continentis vel insularum britannicarum lateant incognitae, diligentius investigent et, si invenerint, publicent.

Quae sequuntur, partim quidem pertinent ad eandem aetatem, a recentioribus tamen scriptoribus mutata et transscripta sunt in formam linguae suae aetatis. Horum primo loco ponendus est liber Landavensis, dein legum codex vetustior.

5. Liber Landavensis. Multa vetusta servat intacta, dum in aliis manus renovans deprehenditur. Scriptor enim, qui composuit librum saeculo duodecimo ineunte usque ad a. 1132, hausit e codice vetustiore, atque ex eodem vel etiam e tabulario ecclesiae Landavensis plurimas finium descriptiones cambrice scriptas itemque privilegia episcopatus cambrice composita (ed. p. 113) offert. Praeter haec ipsa linguae monumenta liber scatet nominibus propriis cambricis praesertim virorum et locorum, quae occurrunt in chartis collectis in codice a temporibus primorum ecclesiae episcoporum, Dubricii, Teliavi, Oudocei, ab initio saeculi sexti usque ad tempus quo scriptus est. Editus est hic liber cura societatis manuscriptorum cambricae, non e codice saeculi duodecimi ipso quidem, qui evanuit recentiore aetate, sed ex apographis duobus, uno praesertim, quod codicis ad literas literarumque formas esse imitationem refertur (cf. praefationem editionis p. XXVII. XXXVII). Jam antea quaedam publicata erant in Dugdalii Monastico angli-

cano (Savoy 1673, tom. III, p. 188 sq.) e codice ipso, quae bene concordant cum hac ex apographo facta editione.

Inscripta est editio: "The Liber Landavensis, *Llyfr Teilo*, or the ancient register of the Cathedral church of Llandaff, from MSS. in the libraries of Hengwrt and of Jesus college, Oxford: with an english translation and explanatory notes, by the Rev. W. J. Rees. Published for the Welsh MSS. society. Llandovery 1840."

6. Codex legum Venedotianus, vetustior omnibus legum codicibus qui exstant. Est collectionis Hengurtensis, notatus litera A. ab editore Aneur. Oweno, et saeculo duodecimo ortus esse videtur (cf. praef. edit. p. X). Quamvis multum jam a vetustiore linguae formatione degenerans atque in recentiore adhuc incertus in plurimis multum fluctuat et variat, minus acceptus ideo, si adsunt aliunde meliora, ex ejus parte priore praesertim tamen non pauca (sub signo Leg.) hausta sunt in hoc opere.

Legum cambricarum, quarum prima collectio tribuitur regi Howelo Bono (cambr. *Hywel Dda*, vet. *Higuel* in Chron. cambr. inserto praefationi editionis ad a. 950: "*Higuel* rex Brittonum obiit"), recentior editio prodiit auctoritate societatis publicandis monumentis Angliae historicis dictae "Record Commission" ita inscripta: "Ancient Laws and Institutes of Wales; comprising laws supposed to be enacted by Howel the Good, modified by subsequent regulations under the native princes prior to the conquest by Edward the first: and anomalous laws, consisting principally of institutions which by the statute of Ruddlan were admitted to continue in force. With an english translation of the welsh text. 1841".

7. Codex ruber Hergestensis (*Llyfr coch o Hergest*), nunc Oxoniae bibliothecae collegii Jesu, inter codices

servantes linguae formationem mediam inter vetustam et hodiernam facile princeps, cujus certa regula in hoc opere plurimis exemplis (sub nota Mab.) munita est. Codex saeculo quarto decimo adjudicatur a Turnero (Vindic. p. 25) et in editione ipsa (Prooem. p. XVII).

Praecipuas hujus codicis dicti rubri narrationes de Arthuri ejusque satellitum (*Arthur a'r ford gron*, A. et tabulae rotundae, Mab. 3, 322) rebus gestis Domina *Guest* Cambra, femina doctissima et literarum hujus gentis et hujus aetatis inprimis gnara, edidit in tribus tomis ita inscriptis: "The Mabinogion from the Llyfr coch o Hergest, and other ancient welsh manuscripts, with an english translation and notes. By Lady Charlotte Guest. London 1849."

Codices cornici. 1. Cornicae dialecto adscribendum monumentum vetustius, quod exstat, est Vocabularium in codice membranaceo Londinii servato in Museo britannico bibliothecae Cottonianae, qui significatus est nota Vesp. A, 14.

Hoc vocabularium esse haustum e codice vetustiore, cujus tamen formas scriptor recentior recentiores in majori parte fecerit, facile crediderim, tam ob locos hic illic vacuos relictos a transscribente, qui non legerit vetusta, quam etiam ob formas vocum quarundam vetustas non tactas. Sed nec formarum grammaticalium major pars nec codex ipse ultra saeculum duodecimum removeri potest. Est fortasse recentior codex, cum in eo sit sermo de Normannis Anglia potitis his verbis in p. 17[b]: "tres legitimi milites normannigene diffamati sunt nimium insidias fecisse Willelmo antiquo regi anglie post uictoriam habitam in anglos in primo certamine." Jam Owenus in lex. ed. 1803 praef. p. VIII, ubi liber continens vocabularium dicitur liber Landavensis, ut a

Davies qui in lexico quasdam voces ex eo profert, confusione credo) eum attribuit saeculo duodecimo. Nescio inde, quae ratio seduxerit viros doctissimos Courson et Villemarqué, ut affirmarent saepius in operibus suis, eum prae se ferre annum 882.

In fronte codicis legitur: "Elenchus contentorum in hoc codice. 1. Kalendarium. 2. Vocabularium Latino-Cambricum. 3. De situ Brecheniaue, ubi quaedam veteris historiae Cambricae. 4. Vitae Sanctorum Wallensium." Quamvis hic dicitur cambricum vocabularium (ante ejus initium in p. 7[a] codicis recentior manus adscripsit: *Vocabula britannica*), dubium esse non potest, quin sit vindicandum cornicae dialecto. Id optime jam demonstravit Llwydius in praefatione ad Archaeologiam cornu-britannicam editam a Pryce duobus his potissimum argumentis, primum quod continet plures voces proprias cornicae dialecto et incognitas Cambris, dein quia etiam insunt voces anglicae transsumtae, quarum transsumtio fieri potuit nonnisi in Anglia, non alibi, ut omnino non possit haberi armoricum. Addi potest tertii argumenti loco congruentia, saepius memorata et exemplis demonstrata in hoc opere, in orthographia, quae interdum tamen est propria, in sonis et formis cum monumento haud dubie cornico sequente, in quo item plura vocabula anglica transsumta leguntur, quae Cambris omnino aliena manserunt.

Vocabularium hoc, nusquam antehac plene et recte typis expressum (sunt omissa et corrupta multa apud Pryce et Courson), ex codice ipso descripsi et ut legitur in eo ad verbum in fine hujus operis addidi.

2. Carmen de passione Christi cornicum (Pass., P., a me significatum), cujus exstant codices duo, unus Musei britannici, alter bibliothecae Bodlejanae. Translatum est in anglicum sermonem a. 1682 a viro Cornubiae ha-

bitatore docto Joh. Keigwin, qui fuit inter ultimos viros perfecte gnaros linguae tum jam emorientis. Tam cornicus textus quam versio anglica e duobus item codicibus prodiit anno 1826 Londinii sub titulo: "Mount Calvary, or the history of the passion, death, and resurrection of our Lord and Saviour Jesus Christ. Written in Cornish (as it may be conjectured) some centuries past, interpreted in the english tongue in the year 1682 by John Keigwin, Gent. Edited by Davies Gilbert."

Male certe se habet cornicus textus hujus editionis, tam male, ut vix credi possit, correctionem esse factam in eo vel sphalmatum typothetarum. Multa ideo desumta ex eo purgare (nec monui, nisi vox nimium fuerat corrupta) necesse fuit. Dignum certe est hoc poëma, quod puriorem et diligentiorem editionem nanciscatur. Linguae formae cum adhuc vetustiores reperiantur, quam sunt saeculi sexti decimi priore parte, in speciminibus datis ab A. Borde* (obiit a. 1545), in quibus jam defecerunt pronomina suffixa et praepositiones a pronominibus separatae sunt, ut *de vi, de vy* (mihi), *de why* (vobis), *gena why* (vobiscum), dum in carmine communiter obtinet suffixio, ut *dym, thym, theugh, genough* (p. 384 sq.), equidem non adverser, si quis centum vel etiam ducentos annos ante id tempus, in saeculum ergo quartum decimum, carminis compositionem reponat. Ut in Vocabulario in hoc carmine etiam leguntur anglica vocabula transsumta: *redye* (legere, in Vocab. *redior*, lector, angl. *to read*) fq., *strevye* (altercari, in Vocab. *strifor*, conten-

---

* In libro inscripto "Introduction to knowledge", e quo ea iterum typis impressa lego in libello inscripto: "Specimens of Cornish provincial dialect, collected and arranged by Uncle Jan Treenoodle, with some introductory remarks, and a glossary, by an antiquarian friend, also a selection of songs and other pieces connected with Cornwall. London 1846", p. 84 sq.

tiosus, angl. *to strive,* altercari) 73, 4, *boclers* (angl. *bucklers*) 74, 2, *traytour* (angl. *traitor*) 98, 3, *fas*, *fase* (angl. *face*, facies) 95, 3. 196, 3, et in aliis locis multa alia, ut *deserye* (*to desire*), *comfortye* (*to comforte*), *receve* (*to receive*), *manner* (*manner*) etc.

Dignum est memoratu, in magna parte libri vetusti, qui auspiciis anglicae societatis edendorum monumentorum prodiit 1838 sub titulo "The Record of Caernarvon", cujus origo est saeculi quarti decimi, quamvis enumerat regiones et loca cambrica, obtinere orthographiam eandem quae est in carmine cornico, cornicam ergo a notario cornico, ut videtur, adhibitam, e. gr. a p. 1 usque ad p. 92, ubi contra cambrica incipit, ut *Bleddyn* pro *Blethyn*, *coch* pro *cogh*, *bychan* pro *beghan*, *baghan* (cf. p. 161. 169. 173). Alternat utraque etiam in aliis contentis in eadem editione, e. gr. cornica inde a p. 138, cambrica in p. 257 in charta Eduardi III.

Codices armorici. 1. Chartularia monasteriorum vetustiorum sunt Rhedonense vel rectius Rotonense (cf. p. 105), praestantius ceteris et magna nominum propriorum copia refertum, et Landevenecense. Illius compositionem e chartis monasterii vetustis inceptam ineunte saeculo undecimo vel finiente decimo et finitam circa a. 1162 affirmat Courson in opere de populis britannicis inscripto: "Histoire des peuples Bretons dans la Gaule et dans les îles britanniques. Paris 1846", in tomo 1, p. 393, not. 1, Landevenecense autem ineunte saeculo undecimo scriptum esse censet Dom Morice in opere inscripto: "Mémoires pour servir de preuves à l'histoire ecclésiastique et civile de Bretagne. Par. 1742" in tom. I, c. 177 (cf. Cours. 1, p. 422, not. 1). Ex iis quae sunt typis impressa, inveniuntur in his ipsis libris, apud Courson in appendicibus ejus operis tomi primi et secundi (mihi Rhed. 1 vel 2) et apud Dom Morice in Actis britannicis, inter quae etiam alia aliunde hausta recentiora, e. gr. e chartulario Kemperlegiensi, leguntur.

2. Vita S. Nonnae vel Nonitae, poëma dramaticum servatum unico codice chartaceo, qui inventus est a Marzino notario episcopi Quimperensis in itinere pastorali et donatus ab eo editori.

Editum est hoc poëma sub titulo: "*Buhez santez Nonn,* ou Vie de sainte Nonne et de son fils saint Devy (David) Mystère composé en langue bretonne antérieurement au 12. siècle, publié d'après un manuscrit unique, avec une introduction par l'abbé Sionnet, et accompagné d'une traduction littérale de M. Legonidec et d'un fac-simile du manuscrit. Paris 1837". Significatur a me haec editio literis Buh.

Codicem editor scriptum serissime ineunte saeculo quinto decimo (praef. XXVIII), eique subesse compositionem multo vetustiorem, saeculum duodecimum superantem, asserit. Equidem ob linguam, quae habitum multo recentiorem prae se fert, huic non assentio, et malim assentire ei qui tam codicem quam compositionem, ut nunc adest, esse saeculi quarti decimi affirmet.

Haec de codicibus ipsis vel fontibus hujus operis; in adhibendis vel reddendis eis has potissimum regulas secutus sum. In afferendis vocibus et exemplis e codicibus non recessi ab eorum auctoritate, et reddidi, sicut inveni, e. gr. accentum acutum significantem vocalem productam in codicibus hibernicis, articulum vel particulas junctas aliis orationis partibus in codicibus hibernicis et cambricis. Auctoritatem codicum etiam prae se ferunt voces vel sententiae latinae, quibus praemisi signum gl., quod si deest, vox vel sententia lunulis inclusa non in codice ipso oblata et glossata est, sed mea versio.

Nec recessi facile a solito aliquo scriptionis codicum vel editionum more, quamvis sit interdum contra grammatices analogiam, e. gr. separationis pronominum infixorum cum particulis praecedentibus a verbis vel substantivis sequentibus, quae solita est in cambricis libris. Quaedam tantum nimium laedentia purum grammatices usum sequi nolui, ut disjunctionem formarum praepositionum cum pronominibus coalescentium vel verbalium formarum unam vocem constituentium, quae occurrit in editione carminis cornici de Passione e. gr. in *war netho, y the, y tho, y these* pro *warnetho, ythe, ytho, ythese*. Quae disjunctio mira etiam in cambricis editionibus interdum legitur, ut in Mab. 1, 19. 249: *o honafi, o honam, o honat,* et in libris linguae armoricae hodiernae, ut *war-n-oun, war-n-ezhan*, pro *warnoun, warnezan*, in formis auctis *ohon, warn* vel *warnez* praepositionum *o, war* ante pronomina suffixa. Grammatices est vel lexici, non scripturae usitatae, harum formarum ortum ostendere, ut alias res, e. gr. varietatem quantitatis vel pronuntiationis vocalium, quae conspiciuntur in hodiernis libris armoricis oneratae variis accentibus, quos omisi consulto, cum non adsint in vetustioribus. Cambrici libri etiam ejusmodi accentum recentiorem offerunt, sed unum circumflexum in vocalibus productis, ut in *gwîn* (vinum), saepiusque in correptis primitus et a recentiore lingua productis, e. gr. in *tân* (ignis), verbis in *-âu, hên* (senex) etc., ut si scribatur germanice *wêg, gêbe*, cum *e* producta hodie loco correptae primitivae *e* vel *i* in goth. *vigs, giba,* germ. vet. *uueg, gibu*.

Quae apud Marcellum Burdegalensem, Virgilium grammaticum, in glossa malbergica leguntur peregrina, inaudita vel incognita, si quis quaesiverit in hoc opere, non inveniet; in his omnibus enim equidem nec inveni vocem celticam nec invenio.

Sed antequam hujus libri finem facio, mihi grato animo commemoranda est virorum doctorum et clarorum benevolentia et humanitas, qui inceptum et laborem hunc vario modo adjuverunt, Hauptii, qui non solum poëticum monumentum hibernicae linguae inventum benigne mihi obtulit, sed etiam toti operi typis imprimendo mecum invigilavit, Monii, cui imitationem sermonis hibernici codicis Camaracensis debeo, Bucherti, amici inde ab annis juvenilibus, qui plura bene me monuit, eorumque omnium, qui aut libros scriptos aut typis impressos rariores vel pretiosiores offerentes succurrerunt.

Bambergae 7. Augusti 1853.

Wolfram Zimek,

geboren 1967 in Nürnberg,
Abitur 1987 in Bensheim an der Bergstraße, anschließend Studium der Klassischen Philologie, Indogermanistik und Chemie in Erlangen und Graz,
1994 1. Staatsexamen in den Fächern Griechisch und Latein, 1995 im Fach Chemie,
1996–1999 wissenschaftlicher Mitarbeiter am Lehrstuhl für Gräzistik der Universität Erlangen,
danach Eintritt in den bayerischen Schuldienst: zunächst Referendarausbildung in Würzburg und Windsbach und 2. Staatsexamen, seit 2001 am Clavius-Gymnasium Bamberg tätig, daneben Lehrbeauftragter für Griechisch am Lehrstuhl für Neutestamentliche Wissenschaften der Universität Bamberg.

1. Auflage, 2011
Herausgeber: Verein »1000 Jahre Kronach« e.V.
D-96317 Kronach, Rödernstr. 8
Herstellung: Books on Demand GmbH, Norderstedt
Satz: Stefan Schirmer, www.createdwithlove.de
ISBN: 978-3-00-034438-1

Bildnachweis
Titelseite: Bayerische Akademie der Wissenschaften
Seiten 97–101: Abteilung Handschriften und Alte Drucke der Universitätsbibliothek Würzburg
Umschlagrückseite: Manfred Raum

Bibliografische Information der Deutschen Nationalbibliothek
Die Deutsche Nationalbibliothek verzeichnet diese Publikation in der Deutschen Nationalbibliografie; detaillierte bibliografische Daten sind im Internet über dnb.d-nb.de abrufbar.